Quand l'épreuve devient vie

12-04-11

Du même auteur

Le crash et le défi : survivre, Montréal, Les Éditions du remue-ménage, 1985 (édition épuisée).

L'amour ultime (psychologie et tendresse dans la traversée du mourir), avec Marie de Hennezel, Montréal, Stanké, 1990 ; Paris, Hatier, 1991.

Johanne de Montigny

QUAND L'ÉPREUVE
DEVIENT VIE

MÉDIASPAUL

Médiaspaul reconnaît l'aide financière du Gouvernement du Canada par l'entremise du Fonds du livre du Canada (FLC), du Conseil des Arts du Canada et de la Société de développement des entreprises culturelles du Québec (SODEC) pour ses activités d'édition.

 Conseil des Arts du Canada — Canada Council for the Arts   Patrimoine canadien — Canadian Heritage   Société de développement des entreprises culturelles — Québec

Catalogage avant publication de Bibliothèque et Archives nationales du Québec et Bibliothèque et Archives Canada

Montigny, Johanne de, 1950-

    Quand l'épreuve devient vie

    (Collection Vivre plus ; 27)

    ISBN 978-2-89420-816-8

    1. Malades en phase terminale – Psychologie. 2. Accompagnement des mourants. 3. Deuil – Aspect psychologique. 4. Mort – Aspect psychologique. 5. Perte (Psychologie). I. Titre. II. Collection: Collection Vivre plus ; 27.

R726.8.M66 2010   155.9'37   C2010-941944-8

Composition et mise en page : *Médiaspaul*

Maquette de la couverture : *Fabienne Prieur*

Illustration de la couverture : *Lyse Vanier*

ISBN 978-2-89420-816-8

Dépôt légal — 3ᵉ trimestre 2010
Bibliothèque et Archives nationales du Québec
Bibliothèque et Archives Canada

© 2010   Médiaspaul
          3965, boul. Henri-Bourassa Est
          Montréal, QC, H1H 1L1 (Canada)
          www.mediaspaul.qc.ca
          mediaspaul@mediaspaul.qc.ca

          Médiaspaul
          48, rue du Four
          75006 Paris (France)
          distribution@mediaspaul.fr

Imprimé au Canada — Printed in Canada

À mon mentor, le Dr Balfour Mount,
qui m'a ouvert la porte des soins palliatifs.

Remerciements

Du fond du cœur, je tiens à remercier Lyse Vanier pour son apport lumineux et pour son soutien extraordinaire dans la réalisation de ce projet.

Ma gratitude est infinie à l'endroit de Marie Laberge, dont l'esprit brillant a élevé ma pensée. Son amitié m'honore.

Pour son encouragement initial dans la mise en chantier de mon projet d'écriture, mes remerciements s'adressent aussi à Dr Anna Towers, médecin de cœur, au service des grands malades et de ceux qui les accompagnent.

Tous les jours, je travaille auprès de personnes en deuil de leur vie ou d'un proche ; tous les jours, je travaille en étroite collaboration avec des collègues que je trouve exceptionnels et qui enrichissent ma réflexion. Je veux les remercier.

Enfin, j'aimerais souligner la qualité du travail de Médiaspaul et remercier l'équipe pour son enthousiasme, qui m'a poussée à l'action dans la joie.

Préface

La première fois que j'ai rencontré Johanne de Montigny, c'est sa voix qui m'a frappée. Une voix d'une douceur rare, de cette douceur qui vous ouvre tout de suite le cœur, qui rend vos défenses totalement inutiles. Une voix qui n'impose rien et qui invite en même temps. Bref, une voix qui sait écouter et parler. Bien sûr, j'ai pensé qu'elle était psychologue et que c'était probablement son outil de travail le plus précieux.

Mais, en la connaissant mieux, en la fréquentant davantage, j'ai découvert à quel point cette voix est l'incarnation même de sa personnalité et de ce qui me la rend si attachante. Johanne de Montigny est quelqu'un de vrai et de respectueux, c'est une femme qui sait vivre selon des règles de générosité que l'on ne voit plus beaucoup de nos jours. Son humilité détesterait que je le dise, mais puisque je l'ai vu et que c'est vrai, pourquoi me priver ? Depuis longtemps, depuis que sa vie a basculé le jour où elle a bien failli s'éteindre, aider les autres, les soutenir et leur apporter une présence remplie d'humanité est sa façon de dire merci à la vie, et sa façon de la vivre.

Depuis plus de trente ans, toute son intelligence, son expérience et sa sensibilité sont au service de la souffrance des autres. Elle a accumulé une connaissance profonde des êtres humains dans ce qu'ils ont de plus glorieux comme dans ce qu'ils ont de plus exécrable, parce que la fréquentation des moments cruciaux de la vie ne fait pas toujours ressortir le meilleur des gens. Johanne est une des rares personnes qui ne juge pas l'autre et qui supporte les pires manifestations émotives en décodant leur provenance et leurs raisons d'être.

Le jour où je l'ai rencontrée, nous devions travailler ensemble pour une conférence à un congrès sur les soins palliatifs. Johanne parlait avec sa science et son expérience, et je m'intercalais dans son discours en apportant des cas inventés qui illustraient non pas ses propos, mais le monde dans lequel ces propos prenaient vie, le monde des personnes en soins palliatifs. Ce n'était pas la première fois de ma vie que j'assistais à ce genre de congrès. En écrivant cette préface, je me rends compte que depuis très longtemps, ce sujet m'intéresse. L'une des premières pièces de théâtre que j'ai mises en scène parlait de ce sujet. C'était en 1980, et la pièce se passait dans un lieu conçu pour recevoir des malades en phase terminale et leurs familles, en Californie. Le débat central était le même qu'aujourd'hui : comment vivre ses derniers instants, comment aider ceux qui accompagnent les mourants et qui trouvent si impossible cette séparation annoncée ?

Dix ans plus tard, je réalisais mon premier téléfilm dont j'avais également écrit le scénario : « Les heures précieuses ». Ce scénario avait été écrit un peu en réponse à une de mes amies, responsable des bénévoles dans une maison dédiée aux soins palliatifs. Cette femme admirable avait un problème avec les gens qui fuyaient la mort et devenaient ainsi des souffrances morales pour ceux qui voyaient le bout de leur chemin arriver. Mon amie trouvait que je devais écrire sur la mort pour dissiper cette peur. Pari impossible et beaucoup trop lourd pour l'écriture ou même le cinéma. Une société ne peut pas bouger aussi vite, surtout quand il s'agit d'une peur aussi fondamentale et répandue. J'ai tout de même écrit un film qui tentait d'ouvrir sur autre chose que la mort affreuse, la mort voleuse, la mort tronçonneuse.

Quelques années plus tard, j'étais dans une maison de soins palliatifs où j'accompagnais mon père. Un soir très tard, en traversant le salon où la télévision était allumée, j'ai entendu un dialogue que j'ai reconnu : mon film passait. Ironie du sort : ce film, fait pour adoucir certains aspects abrupts d'un passage difficile, m'arrivait alors que ma vie rejoignait cette fiction écrite de ma propre main. Étrange... et consolant.

On me demande souvent pourquoi la mort est si présente dans mes livres. Un peu comme si c'était un sujet morbide, justement – et quand on pense que le deuxième sens du mot morbide est « pervers, malsain »... c'est tout dire ! – alors que pour moi, la mort est le coup de fouet le plus puissant pour saisir sa vie, la prendre à plein bras et n'en laisser échapper aucun instant, même s'il est malheureux ou triste. La mort ramène à l'essentiel et, quand on ne la fuit pas, quand on essaie de la considérer comme partie intégrante de la vie, elle nous fait le cadeau de nous laisser vivre et même de nous inciter à plonger et à prendre tous les moyens pour ne rien occulter et être au cœur puissant du temps qui nous est accordé.

Dans ce livre, Johanne de Montigny fait un peu ce que cette amie m'avait demandé de réaliser : elle répond aux questions, aux inquiétudes et quelquefois aux angoisses que la maladie terminale suscite. Elle n'essaie pas de changer le monde, elle connaît l'ampleur de cette tâche et ne perd pas de temps à rêver au miracle, elle fait beaucoup mieux :

elle vous offre ce que toutes ses années de pratique auprès des malades et de leurs proches lui ont enseigné. Et elle y ajoute ce que sa vie et son expérience du *crash* d'avion lui ont permis de comprendre.

Je considère ce livre comme un cadeau, celui d'une femme rare et généreuse qui a acquis sa liberté vis-à-vis de la mort au prix fort, celui d'un long voyage qui l'a ramenée à la vie et à elle-même. Le plus beau, c'est qu'une fois remise, elle s'est tournée vers l'autre pour tenter de lui faire don de cette liberté qui permet de continuer, malgré le chagrin, avec la douleur, et d'atteindre la vie pleine, entière, la vie qui demeure la seule que nous ayons et qu'il faut chérir sans perdre une seconde.

Si vous ouvrez ce livre, c'est que la vie vous a frappé, c'est que le mot « perte » qu'elle contient inévitablement et qu'on voudrait tellement oublier vous a égratigné.

Mais c'est aussi que vous ne voulez laisser de côté aucune miette du festin de la vie. J'espère que vous trouverez dans les mots de Johanne de Montigny l'attention, le cœur et le souci de l'autre que j'y vois. Sa voix, celle qui sait écouter et consoler, est sa réponse vibrante à la mort.

Marie Laberge
août 2010

Avant-propos

C'était le 29 mars 1979...

Ma semaine de travail se termine à Québec et je quitte le cabinet du ministre de l'Industrie et du Commerce. Je rentre à Montréal où des amis m'attendent. Comme prévu, le chauffeur me conduit à l'aéroport. L'avion doit partir à 18h45.

Je monte à bord du Fairchild F-27, le vol 255 de Québécair. En entrant dans le « 36 places », j'opte pour le siège numéro 6, au-dessus duquel j'aperçois sans vraiment y faire attention l'écriteau « sortie ». Cet endroit près d'une sortie d'urgence offre un peu plus d'espace et de confort pour la lecture en vol. En me libérant de mon manteau d'hiver, j'apprécie ma chance de voyager par avion et de réduire la durée de mes déplacements hebdomadaires. Quarante-cinq minutes dans les airs au lieu de trois heures de conduite sur la route, voilà un des nombreux avantages de mon nouvel emploi. À 29 ans, je me considère privilégiée d'accéder au poste de secrétaire principale dans un bureau ministériel. Depuis six mois, j'ai le vent dans les voiles et je m'apprête à découvrir la vie politique.

À bord, nous sommes 21 passagers ; ils me sont inconnus. Je suis seule dans la rangée de deux sièges. L'appareil roule sur la piste et prend graduellement de la vitesse.

La température est clémente, malgré une neige fine qui s'acharne sur le long hiver.

Les moteurs grondent, le bruit augmente. Les ceintures sont bouclées, les lumières allumées. Prête au décollage, j'anticipe le plaisir de l'ascension : cette vibration particulière m'anime chaque fois que je sens l'avion s'élever. Je souffre d'une migraine, c'est pourquoi je presse mon front contre le hublot : sa fraîcheur me fait du bien. Je fixe le train d'atterrissage. Je me rends compte que la faim me tenaille. L'agent de bord nous explique les consignes de sécurité. Elle nous gratifie d'un sourire fort accueillant. Elle a peut-être 24 ans.

Les moteurs vrombissent, ils tournent à plein régime. Calée dans mon siège, je lève légèrement la tête vers le plafond afin d'accentuer la sensation. Ça y est ! Nous décollons ! Par le hublot, malgré l'obscurité, j'aperçois toujours les petites roues ; je guette le moment où elles vont disparaître. J'aime ce rituel aéronautique.

SOUDAIN... Un bruit horrible éclate. Sous la carlingue jaillit une boule de feu ; elle prend de l'expansion. Une série d'explosions se fait entendre. Nous sommes dans les airs, mais rien ne va plus. C'est la fin du monde. Je vais mourir. Mes yeux s'écarquillent, on dirait qu'ils vont sortir de leur orbite. La traînée de feu risque d'atteindre le carburant. Brûler vifs dans ce ciel d'enfer, cette pensée m'est insoutenable. Que font le pilote et le copilote ? La communication est coupée. L'agent de bord circule dans la carlingue, déstabilisée, et tente de rassurer trois passagers. Ils sont debout, prêts à sauter dans le vide ! La porte de la sortie de secours résiste à leur initiative irrationnelle. L'agent de bord titube, néanmoins, elle les raccompagne à leur siège.

Le silence est morbide, la peur est palpable, la mort est imminente, le feu se propage sous l'aile droite. Je ne crie pas, personne ne crie ; nous sommes dociles, obéissants, à la fois conscients et anesthésiés par le choc. Je suis désespérée, et pourtant me vient à l'esprit la folle idée de survivre à l'impensable. L'agent de bord jette son regard sur la boule de feu, se dirige vers la cabine de pilotage ; peu après, elle revient. « Si vous restez calmes, nous aurons tous la vie sauve ; écoutez attentivement les consignes. » Elle me demande de quitter mon siège et de m'installer à l'arrière de l'appareil ; j'obtempère et je prends place à côté d'un inconnu. Il est mon frère dans ce moment ultime. En anglais, il me demande si nous allons mourir, et je réponds bien malgré moi : « Je pense que oui. » Il empoigne ma main, ce sera moins pénible. La mort soudaine nous piège ; elle s'éternise. Je n'aurai pas le temps de saluer les miens, de les remercier, de les aimer très fort pour une dernière fois. L'angoisse nous transperce ; en moi, elle s'entrecoupe de bouffées d'espoir. L'homme ne tient pas le coup : son cœur s'arrête, il meurt à mes côtés. Affolée, je retourne instinctivement à mon siège.

Parce que la réalité se montre insoutenable, j'accède à une pensée magique : « Et si je m'en sortais... vivante ? » Mais très vite, je redeviens réaliste, je sais que ma survie est peu probable. Les bruits s'intensifient, la flamme grossit. L'agent de bord nous ordonne de prendre la position fœtale. Les décibels nous transpercent, l'appareil pique du nez. Je déboucle maladroitement ma ceinture, croyant bêtement que, une fois jetée au sol, je serai enfin détachée... de la mort. J'entends un dernier bruit infernal et, tout juste avant l'écrasement au sol, mon corps est aspiré à l'extérieur. Ma chute est brutale, je m'écrase loin de la carlingue. Je ne sais pas encore que 17 personnes meurent sur-le-champ ni que nous serons sept survivants. Les trois membres d'équipage ont péri.

Je gis au sol, je cherche désespérément mon souffle, je n'arrive pas à me lever. Je suis grièvement blessée, mais j'ignore encore l'étendue de mes blessures. Mon bras droit est fracturé, complètement ouvert, mon genou gauche est arraché, je souffre de fractures au bassin, le bas de ma colonne est passablement abîmé, mon poumon droit est perforé par mes côtes fracturées, je lutte péniblement contre l'hémorragie interne, je suis à demi-consciente, sous le choc. Je m'imagine très loin de la piste de décollage, égarée, tenue à l'écart de la moindre trace de vie. J'entends quelqu'un gémir. Je me débats au sol, des idées saugrenues me hantent : où est l'agenda du ministre ? Il me l'avait confié. Comment rejoindre mes amis, leur dire que je ne viendrai pas dîner ? Qui me trouvera ? Quand ? Je ne mourrai pas coincée dans l'avion, mais frigorifiée à l'orée d'un bois, perdue dans un espace sans nom. J'entends des sirènes. Je perds mes forces. Je dois m'abandonner, entrer dans ma mort... Jusqu'à ce qu'une voix s'approche de moi. Est-ce trop tard ?

« Ne t'en fais pas, ma p'tite chouette, on va te sortir de là. » Un homme étend son manteau sur mon corps. Enfin ! j'ai un toit, une maison, un contenant, un lieu clos avant de mourir ; le secouriste me réconforte, et je reçois ses paroles comme un massage psychique. Je remonte au combat. J'entends les secouristes faire le tri : « Pas lui, pas elle, elle est morte ! Vite, par ici, une jeune fille, un jeune homme ! Attention ! le moteur va exploser ! » J'essaie en vain de crier : « Ne me laissez pas, ne m'oubliez pas, vite, je vis encore... un peu. »

Transportée dans l'ambulance, je répète sans trêve : « Je ne veux pas mourir. » J'arrive enfin à l'urgence. Une équipe médicale se précipite à mon chevet, on déchire mes vêtements tout en poussant la civière. Pourront-ils seulement repousser ma mort ?

À la télé comme à la radio, on transmet le bulletin spécial ; ma famille encaisse une première nouvelle non confirmée : peu ou pas de survivants. Mes proches se mettent en route, car ils appréhendent mon décès. Ils me découvrent agonisante et apprennent que, malgré tout, mes chances de survie ne sont pas nulles. Ma tension artérielle est très basse, ce qui retient le médecin de m'administrer des antalgiques ou de m'opérer sur-le-champ. Les douleurs s'aggravent ; je m'accroche à l'horloge, il est 20h20. Quand au petit matin je reçois ma première injection de morphine, mon corps devient aérien... je remonte au ciel.

Branchée sur un respirateur pendant 20 jours, je sortirai du cauchemar un mois plus tard. J'apprends alors le bilan des morts et des blessés. Je refuse d'admettre le décès de l'agent de bord, cette jeune femme pour qui le sens des responsabilités avait triomphé jusqu'au bout. Je n'accepte pas la mort du pilote et du copilote, qui ont perdu leur vie en sauvant la nôtre. Je me morfonds en apprenant le décès de 17 passagers attachés à leur siège. On dresse le portrait des séquelles de mon accident, on retrace ma minute quarante-huit en vol et mes vingt minutes étendue au sol. Les six autres survivants sont eux aussi hospitalisés, certains avec des fractures nombreuses mais mineures, d'autres plus lourdement blessés.

Je suis découragée, triste, et ma honte de survivre est proportionnelle au nombre de disparus. Eux aussi voulaient sortir vivants de ce périple diabolique. Je suis en état de deuil ; il est massif et je sens le poids de la survie peser lourd sur moi. Survivre m'apparaît aussi difficile que de quitter ce monde. Le choc perdure ; sans cesse, je raconte la tragédie à qui veut l'entendre. Je suis submergée, dépassée, incrédule, défaite, désespérée. Je ne reconnais pas mon visage dans la petite glace que je réclame répétitivement. Mes yeux portent encore l'horreur de l'accident, le moindre bruit me fait sursauter, ma perte de poids est alarmante, je crains de ne plus jamais retrouver ma joie de vivre.

Après plusieurs semaines de combat, je rentre à la maison, immobilisée sur la civière. Je reviens de loin ; tout me semble si étrange : les gens, les lieux physiques, ma propre personne. Je ne sais plus qui je suis, mais surtout, j'ignore ce que je vais devenir. Je souffre de douleurs physiques et morales, j'ai peur de l'inconnu ; la lutte m'apparaît insensée, insurmontable, inutile. Je fais des efforts pour me lever, mais mon corps blessé ne m'obéit pas. Je serai incapable de marcher. Pour combien de temps ?

J'entreprends une longue convalescence à domicile. Je reçois des soins quotidiens grâce à Gaétan, un ami infirmier, secondé de façon extraordinaire par Lyse et par mes très proches. Je pleure. La mort des passagers et des membres d'équipage me colle à la peau. J'entreprends une longue série de traitements de physiothérapie. Je dois réapprendre à marcher. L'objectif est fixé, il faut aller de l'avant.

Chaque jour, l'ambulance m'emmène pour mes traitements de physiothérapie. Il en sera ainsi durant dix-huit mois. Avant de réaliser mon premier pas, je dois réapprendre à respirer, combattre la douleur et fournir les efforts nécessaires à l'amélioration de mon état. Autour de moi, je remarque d'autres patients handicapés à la suite de différents incidents. Je suis effrayée à la vue d'un homme que la thérapeute découvre en soulevant son drap. J'apprends qu'il avait tenté de se suicider en ingurgitant un bidon d'essence pour s'immoler par le feu. Son projet a échoué. Il n'a plus de visage : seuls deux petits trous pour les yeux, deux petits trous pour les narines et une fente au bas du visage dessinant l'ébauche d'une bouche fermée. Tout son corps porte des traces de brûlures. On l'a sauvé du geste qui aurait pu être fatal, mais il se voit contraint de retourner à la vie qui s'impose. Un homme avait désespérément cherché à mourir ; une femme avait souhaité l'inespéré. Les deux « se trouvent » côte à côte avec un seul et même défi : survivre.

Cette scène extrêmement difficile à soutenir contribue néanmoins à me donner du courage. Debout ! Je dépose fébrilement mes deux pieds au sol et, grâce au grand brûlé, j'avance. Les douleurs sont à la limite de ce que je peux supporter. Mes jambes sont faibles, maigres et noircies. Mon sang circule mal. Au bout de cinq pas, la physiothérapeute m'applaudit de toutes ses forces ; par son enthousiasme, je comprends que je pourrai à coup sûr marcher de nouveau.

Entre le lit, le fauteuil roulant, les béquilles et la canne, j'entreprends ce qui ressemble à une route sans issue. Qu'allais-je donc devenir ? Pourrai-je seulement retrouver une partie de ma santé ? J'ai perdu mon emploi, mes talents, quelques amis, mes projets, ma condition d'avant l'accident. Je suis bien entourée, solidement soutenue. Famille et amis fidèles se relaient pour me soigner. J'ai beaucoup changé. Ma condition physique détériorée me déprime. Je ne me reconnais pas. Je porte le deuil des familles dont les proches sont subitement décédés. J'ai honte, j'ai peur, j'ai mal et je perds encore une fois mon courage. Je me montre telle que je suis, misérable, néanmoins portée par un amour infini. Celui de Lyse, de Jean-Marie, de ma famille et de quelques bons amis.

Les dédales judiciaires commencent. Le ministère des Transports doit reconstituer l'événement, trouver une explication à la catastrophe. On soupçonne l'erreur humaine ou un bris mécanique, une défectuosité qui aurait pu échapper aux vérifications d'usage. Je ne supporte pas qu'on passe au peigne fin les décisions des pilotes, les gestes de l'agent de bord, qu'on vérifie la compétence des contrôleurs aériens. On me demande de témoigner, mais ma condition physique ne le permettra pas. Au terme de l'enquête, on découvre qu'une fissure dans le moteur droit fut précisément la cause de l'explosion en vol.

Parallèlement, je dois recourir à de l'aide psychologique, car le stress post-traumatique déclenche en moi une série de réactions qui se compliquent. Non seulement j'exclus l'idée de reprendre l'avion, mais aussi j'éprouve la peur que tous les avions du ciel me tombent sur la tête. Je ne supporte pas le frottement d'une allumette ni le bruit d'un moteur au démarrage, que ce soit celui d'une auto, d'une tondeuse ou d'un bateau. J'ai peur du feu, des explosions, et je ne fais plus la différence entre le bruit d'une tragédie et ceux de la vie de tous les jours.

Je suis en contact avec un avocat afin de réclamer une compensation pour les dommages subis. Il s'agit d'un accident de travail qui entrave les activités normales de ma vie. Afin de contrer mon désarroi, je m'adonne à l'écriture. Je tente de bâtir un livre, le temps de me reconstruire, histoire de briser l'isolement.

Le traumatisme persiste. Je n'ai plus le choix, je dois consulter un psychiatre. En sa présence, je ne ferai rien d'autre que pleurer, car, contrairement à ce qui s'est passé les jours qui ont suivi le *crash*, je ne parviendrai pas à lui raconter l'événement. Capable de silence, elle accueille mon chagrin et me recevra dans mon état de détresse pendant six mois. Je m'étonne qu'un être humain puisse, avec autant de maturité, conserver le silence devant mon immense chagrin, accepter que s'écoule ma peine avant même de penser prononcer une parole qui guérit.

J'ai peur de tout : du feu, des bruits, de la nuit, de la mort, de mon identité brisée.

Une autre tranche de thérapie me permettra de recouvrer la voix. Ce deuxième psychiatre représente à mes yeux un père aimant. Il répare en moi « le père manquant », celui qui m'a quittée quand j'avais six ans. Il me suggère des méthodes de relaxation, il m'incite à dessiner les images qui hantent mes nuits, il écoute mes craintes et mes plaintes, il part avec moi à la recherche d'un sens et d'une transformation personnelle.

Trois ans après le *crash*[1], je reprends de l'altitude. Je marche sans soutien, je suis moins souffrante, je songe à une vie nouvelle. Malgré tout, les nombreux experts médicaux concluent que je dois faire face à un déficit important. On ne peut présumer de la suite. Les pertes sont énormes : je dois mettre fin à une première carrière prometteuse, ma santé est passablement altérée, je lutte contre la persistance du stress post-traumatique, je n'ai plus le choix, je dois changer.

Au fil du temps, la psychothérapie met en lumière mon nouvel intérêt pour la relation d'aide. Ma quête de sens me conduit à un désir profond de redonner une parcelle de ce que j'ai reçu depuis le *crash*. À ce moment-là, je prends conscience de ma chance inouïe de vivre, pour ainsi dire, une deuxième fois et ma gratitude prend le dessus sur l'adversité. Je commence à croire en la possibilité d'un retour aux études et je le vis comme une ouverture, la promesse d'une joie profonde.

---

[1] DE MONTIGNY, Johanne, *Le crash et le défi : survivre*, Montréal, Les Éditions du remue-ménage, 1985 (édition épuisée).

Professeurs, directeurs et décideurs écartent les obstacles et m'ouvrent un chemin à l'Université du Québec à Montréal. Je ressens fortement le désir de travailler auprès de personnes ayant survécu à des accidents. À la suite de mes études de premier cycle en psychologie, j'oriente ma recherche vers le thème de la survie à un traumatisme collectif. Mon mémoire de maîtrise s'intitule *L'expérience de survie du sauveteur-victime : étude exploratoire auprès d'agents de bord ayant survécu à une catastrophe aérienne ou à un grave incident aéronautique.* Mon frère Bernard étant agent de bord, le monde de l'aviation m'interpelle de toutes parts.

Mes toutes premières expériences cliniques m'obligent à reprendre l'avion : je veux me rendre utile auprès de survivants d'un accident ferroviaire survenu à Hinton, en Alberta, en 1986. Mon effort de voler à nouveau – mais cette fois, pour eux – est gigantesque. Le but du voyage réussit à endiguer ma peur. J'affronte mon premier retour en avion avec détermination, peur et épuisement. Les cauchemars qui s'ensuivent freineront mon envol. Ils me jettent carrément au sol.

L'expérience en a valu le coût. J'ai également été appelée à soutenir d'autres personnes deux ans après leur survie à l'explosion d'une bombe à la gare de trains de Montréal, en 1984. Parallèlement, j'ouvre ma première clinique à l'intention des personnes menacées par une maladie potentiellement mortelle. Au Québec, au même moment, c'est-à-dire en 1986, le fléau du sida éclate. Je m'engage dès lors comme bénévole au sein de groupes d'échange auprès de jeunes hommes dont le temps est compté. Cette expérience m'inspire un nouveau défi : je veux travailler auprès de personnes en phase terminale. Je décide alors de faire un stage d'un an en soins palliatifs et je prends conscience de ma passion pour le métier de psychologue, ce qui oriente mon choix de carrière. Je me découvre psychiquement guérie et enthousiaste pour la suite.

À l'Hôpital Royal Victoria du Centre universitaire de santé McGill, à Montréal, il existe depuis 1975 une unité de soins palliatifs placée sous la direction du docteur Balfour Mount, le père des soins palliatifs en milieu hospitalier en Amérique du Nord. Je rejoins officiellement son équipe à compter de 1988. En 2003, ce service fusionne avec celui de l'Hôpital général de Montréal, un centre intégré au même campus. Sous la nouvelle direction du docteur Anna Towers, quinze lits sont consacrés aux malades en phase terminale. On peut leur offrir des services interdisciplinaires spécifiquement conçus pour le soulagement de la douleur, les soins de confort et un suivi de deuil à l'intention des familles. La proximité avec les grands malades oriente le sens de ma survie. L'expérience du *crash* me propulse vers des espaces riches d'enseignements, des liens structurants et un bonheur renouvelé. Mon travail auprès des mourants me permet de saisir la fragilité et la force de l'être, la valeur de la relation personnelle, la puissance de la communication en phase terminale, la souffrance des personnes en deuil et en quête de soutien affectif.

Lors du *crash,* un moment très particulier a laissé en moi une empreinte qui m'inspire encore aujourd'hui dans mon travail auprès des mourants et de leurs proches. À la demande de l'agente de bord, je m'étais assise à côté d'un homme que je ne connaissais pas et qui m'a demandé si nous allions mourir. Je lui ai répondu : « Je pense que oui. » Il a alors empoigné ma main. La mort serait moins pénible parce que nous savions que nous allions mourir ensemble. Peu après, il m'a lâché la main ; cet homme est mort à mes côtés, tout juste avant l'impact. Il a sans nul doute insufflé en moi le désir d'accompagner les personnes en phase terminale.

Ce souvenir m'aide aujourd'hui à comprendre que tenir la main de quelqu'un aux soins palliatifs sert principalement à deux choses. D'abord, on lui confirme qu'il est encore vivant parce que, quand la frontière entre la vie et la mort est aussi mince, on n'est pas tout à fait certain d'être encore là. Quand on tient la main de l'autre, il sait qu'il est du côté de la vie. Ensuite, ça donne du cran, un courage mutuel. En soins palliatifs, cela correspond au courage de survivre à la perte de l'autre et, pour celui qui meurt, le courage de quitter ce monde. Il y a un courant de force qui passe dans cette poignée de main. Je l'ai vécu très fort.

Grâce au *crash*, je comprends mieux la nécessité de s'abandonner aux soins de l'autre selon les circonstances, je mesure l'importance d'être accueillie, écoutée, soutenue, guidée, encouragée et aimée : cette formidable interdépendance humaine. En dépit des guerres et des misères, je constate aussi la bonté et la grandeur de l'homme à son contact avec la souffrance. J'apprécie l'intimité à laquelle la maladie nous oblige. Je développe le besoin et le désir d'accompagner des êtres brisés par l'épreuve. Je suis persuadée que l'affection, les relations profondément humaines et le contact sincère, même bref, surclassent l'acquisition d'un titre, d'un rôle et de biens matériels. Devant la mort, la plupart des gens se cramponnent amoureusement à la vie, et les classes sociales s'estompent. Je me sens privilégiée de les accompagner.

Je chéris en moi des temps forts où l'inconnu me fascine, me comble davantage que les projets tracés d'avance. Qu'en aurait-il été de mon destin sans la survenue du *crash* ? La cassure m'a propulsée au plus profond de mon être, sous les débris, à quelques mètres de la lumière. Et cet éclairage forcé m'a amenée à surmonter le drame et à le transformer en une expérience « sommet ».

Les épreuves nous transforment, certains diront pour le meilleur, d'autres pour le pire. Pour ma part, jamais je n'aurais cru en la possibilité de retrouver à ce point le goût de vivre, que ce soit seule ou entourée. Jamais je n'aurais côtoyé autant de grands malades capables de me montrer le chemin de l'humilité, l'expérience du mourir, cette même voie que, tôt ou tard, et à nouveau, je devrai emprunter. Sans l'expérience du *crash*, aurais-je saisi le vide, mesuré le cratère que laisse la perte d'un être cher, aurais-je découvert le potentiel inespéré tapi au fond de l'endeuillé ?

L'héritage est grand. Il s'agit de repérer ses apprentissages, de garder confiance et de partager avec autrui la certitude que, lorsque le malheur frappe, un ressort interne bondit et ouvre la voie à un plan de vie. L'épreuve déclenche un virage majeur, et de cette turbulence émerge l'accalmie.

L'affaissement du sentiment d'invulnérabilité, étonnamment, rend l'homme plus combatif et plus aimant. Malgré la souffrance, est-il possible d'atteindre la cime de sa vie ? C'est parce qu'on a cru en moi que je mise à mon tour sur les forces de ceux et celles qui vivent un *crash* personnel.

Au cours de mes vingt ans de métier, mon travail clinique et mes conférences au Québec et en France ont suscité plusieurs questions. J'ai répertorié ici celles qui m'ont été le plus fréquemment posées sur la maladie, l'accompagnement, la perte, la mort et le deuil.

Ce livre est né de mon désir d'y répondre par des réflexions qui permettront peut-être d'aller plus loin et de mieux saisir ce que vit l'être profondément éprouvé.

Souvent, j'ai appuyé ces réflexions sur des cas cliniques réels, dont certains éléments ont été modifiés pour des raisons de confidentialité.

Je demeure convaincue que l'humain est capable de faire face à ce qui lui arrive, de se relever après chutes et rechutes, et de transmettre des messages dont la portée peut se décupler.

Je m'incline devant ceux et celles qui s'apprêtent à quitter ce monde et je garde en mémoire un nombre incalculable de personnes disparues qui, à ce jour, me confirment le potentiel inouï de l'humain. Si vous venez d'apprendre que vous avez un cancer, ce livre pourrait vous aider à ne pas vous projeter trop vite dans un scénario de fin de vie. Tout demeure possible : la guérison, la survie, la rémission ou la fin de la vie. Même s'il est ici question de phénomènes entourant la mort, ils sont traités par le biais de la vie.

I

L'ANNONCE ET LA TRAVERSÉE
DE LA MALADIE

1

J'ai le cancer. Pourquoi moi ?

Apprendre qu'on a le cancer n'est pas une mince affaire, mais l'impact de cette annonce dépend de chaque individu. Le cancer surgit comme une éruption volcanique. La nouvelle est étonnante, parfois tragique. Pour la personne atteinte, l'apparition de la maladie a quelque chose d'insensé, d'énigmatique ou d'irréel ; soudain, sa capacité d'entrevoir l'avenir vacille, et cela l'inquiète. Le connu cède, l'incertitude prédomine et l'appréhension jette la pensée réaliste à la pâture des pires scénarios. La personne en état de choc peut se sentir envahie par la peur (« Je vais bientôt mourir ») ou, au contraire, elle s'accroche à une pensée unique : « Je vais guérir. » Il lui faudra décanter la nouvelle, faire la part des choses avec l'aide d'un médecin capable de l'éclairer sur sa réalité, et recourir au soutien de ses proches. L'espoir demeure un signe vital que la perspective de mourir ne peut abolir.

L'annonce de la maladie déclenche un déferlement d'émotions et de questions : « Pourquoi moi ? Ce n'est pas juste ! » D'autres ont l'impression d'être « punis » ou d'être responsables de leur maladie. Ils en cherchent sans cesse la raison, la cause, la source. Ils regrettent d'avoir fumé, mangé mal ou dérogé à une bonne hygiène de vie. Ils se sentent coupables, parfois ils éprouvent de la honte, ils se pardonnent difficilement leurs habitudes. En réaction, ils se raidissent, se ferment ou se replient sur eux-mêmes. Ils craignent d'avoir commis une bêtise, de s'être négligés, d'avoir défié la mort. Ils ont également peur du jugement d'autrui.

Bon nombre, au contraire, éprouvent de l'indignation, leur mode de vie ayant été exemplaire, sans excès, sans tabagisme, sans soucis. Ils ont vécu de façon équilibrée, pratiqué religieusement un sport ou de la mise en forme, ils ont depuis toujours donné priorité à la santé, évité les risques. « Pourquoi moi ? » exprime alors un sentiment d'injustice. La crainte de mourir ronge subrepticement la capacité du malade à relativiser sa situation. « C'est toujours pareil : on a beau le savoir, être prévenu, on a beau proclamer que la vie est courte, il suffit qu'on trouve un petit ganglion qui fait le gros, et la terreur nous arrache un pourquoi incrédule. On ne sait jamais que la vie est courte. On ne voit jamais sa mort. On ne la conçoit que vaguement, peureusement, à travers la mort des autres. On refuse toujours sauvagement l'évidence. Et on lutte – Dieu qu'on lutte, que c'est long avant que cette force opiniâtre qu'est l'âme ou la pensée ou le cœur d'un humain ne s'agenouille et ne consente. Que c'est long et comme elle est inégale, cette lutte féroce et finale[2]. »

Pour la science, les causes du cancer sont multiples. Par ailleurs, certaines personnes y voient l'aboutissement de stress accumulé, d'autres l'explosion d'un mal de vivre. Plusieurs en tiennent responsable le bagage génétique, alors que d'autres le relient aux habitudes ou aux conséquences de la vie moderne (pollution, mauvaise alimentation, tabagisme...).

Il n'y a pas une bonne ou une mauvaise façon de réagir à l'annonce d'une maladie comme le cancer, par exemple. L'anxiété ou la crainte du pire dresse un barrage qui empêche

---

[2] LABERGE, Marie, *La cérémonie des anges*, Montréal, Boréal, 1998, p. 319.

de voir clair. Le cancer signifie aussi « chimiothérapie », « radiothérapie » ou « intervention chirurgicale », perspectives qui peuvent susciter de la détresse. Néanmoins et pour la plupart, un combat s'engage entre craindre et espérer : « Je sais que je vais mourir, mais je veux vivre. » Chacun essaie de donner un sens à sa maladie et de prendre une direction nouvelle. Lorsqu'une personne se sent menacée, souvent elle se ferme et se met à l'abri. D'autres font face et ne misent que sur la vie « pour ne pas la perdre ». Elles se soumettent bon gré mal gré aux traitements proposés pour améliorer le pronostic. La plupart du temps, la maladie fait surgir le soldat qui dort en soi et qui se découvre prêt à l'attaque. Pour la majorité des gens, l'instinct de vie prédomine, et on le constate lorsque la menace de mourir les atteint.

Or, souvent, la personne qui apprend la nouvelle se sent prématurément condamnée et ne tient pas compte des étapes entre le diagnostic et l'issue de la maladie. Avoir le cancer ne signifie pas nécessairement la mort à brève échéance. Le dénouement préoccupe davantage que le processus de lutte. La personne malade visualise son combat comme une série d'épreuves, mais elle appréhende surtout la dernière période.

Or le temps est un allié, même si, à l'annonce de la maladie, il apparaît plutôt comme un adversaire. L'adaptation graduelle permet de démasquer le fantasme que nous nous faisons de notre propre pérennité, de privilégier l'ultime effort visant à préserver notre vie. Elle permet une halte entre nos premières réactions et un regard neuf sur la vie, sa suite et son mystère. Le temps est à l'œuvre ; il invite la personne touchée par la maladie non seulement à côtoyer l'inconnu, à apprivoiser ses peurs, mais à dépasser ce qu'elle avait d'abord cru intouchable ou immuable. Le malade, avec le temps, parvient à prendre une distance par rapport à son questionnement ; il accepte graduellement ce qui lui arrive. Pour la grande majorité, l'accalmie se manifeste au bout du combat.

C'est ainsi que la question « Pourquoi moi ? » se heurte à une deuxième vague qui résonne encore plus fort : prendre conscience qu'on n'est pas seul frappé par le cancer, que d'autres aussi font face à cette maladie[3]. Petit à petit, on porte un nouveau regard sur soi-même, on tente de réinvestir autrement sa vie, et cela rend moins pénible la traversée de la maladie. Elle n'est plus forcément au premier plan.

« Vivre à tout prix, sinon mourir au plus vite » n'est pas une formule gagnante. La personne malade cherchera plutôt à atteindre un équilibre entre ces deux extrêmes, car, curieusement, l'incertitude maintient la vie, le doute la stimule, et l'inconnu la protège contrairement à ce que l'on avait d'abord cru. Finalement, la vie d'avant ne se montre guère plus rassurante : elle a été vécue, elle se conjugue au passé alors que l'inconnu reste à découvrir. Vivre au présent, savourer chaque instant sans refuser sa réalité demeure une attitude victorieuse, car, à plus long terme, le refus obstiné sape l'énergie requise pour apprécier les possibles et investir les siens de tout l'amour dont on est capable. Surmonter le pire et espérer le meilleur constituent le tandem nécessaire pour assumer la suite des événements. Car, comme l'a écrit Alain Emmanuel Dreuilhe peu de temps avant sa mort, quoi qu'il advienne, « je m'en sortirai : mort ou vivant[4] ».

---

[3] LANCTÔT, Dominique et Monic ROBILLARD (dir.), *Tu n'es pas seule, L'expérience du cancer : paroles de femmes*, Montréal, Les Éditions de l'Homme, 2006, 282 p.

[4] DREUILHE, Alain Emmanuel, *Corps à corps*, Paris, Gallimard, 1987.

2

Comment faire face à l'inconnu, à l'imprévu et à l'incertitude lorsque la maladie éclate ?

Il est normal pour quiconque, au moment de l'annonce, de redouter la maladie, sa sévérité, sa durée et son dénouement. Le médecin identifie d'abord le stade de celle-ci et analyse chaque situation à la lumière des données scientifiques, afin de suggérer à son patient la façon optimale de le soigner. Il lui propose une intervention chirurgicale, des traitements de chimiothérapie ou de radiothérapie, ou encore d'autres alternatives sur mesure. Mais le choc causé par la nouvelle, la peur de ne pas répondre favorablement aux traitements et l'incertitude devant l'avenir l'emportent le plus souvent sur la perspective médicale et sur les statistiques. Il arrive parfois que l'espace émotionnel du patient se fracture et que son refus de la maladie suspende momentanément sa vision logique ou réaliste des choses. Pour d'autres, la capacité de vivre les événements au jour le jour sans établir de scénarios leur permettra de poursuivre leur quotidien dans une perspective juste et de façon pragmatique.

Avec le temps, la confiance s'insinue dans les doutes du malade et, peu à peu, une forme d'espoir lui revient. Parallèlement, la perte de ses illusions confronte la personne et déloge sa croyance bien ancrée d'avoir la mainmise sur sa vie. C'est pourquoi, pour certains, l'annonce d'une maladie comme le cancer survient comme une catastrophe, et, pour d'autres, comme un défi à relever. Clairement, nul n'a le pouvoir d'éviter l'épreuve qui l'assaille sans ménagement ; néanmoins, l'être humain est doté d'une aptitude extraordinaire et sous-estimée : la capacité de s'ajuster aux ruses de la maladie.

Le connu appartient au passé et ne colle plus à la nouvelle réalité, alors que l'inconnu, qui relève du futur, fait surgir les forces insoupçonnées, autant celles qui habitent intimement l'être que celles qui viennent de façon inespérée. Les découvertes sont à la fois heureuses et contraignantes selon les parcours, mais plusieurs personnes, soutenues par un entourage solide, trouvent le moyen de dominer leurs appréhensions, d'atteindre un équilibre psychique et de composer avec le chaos physiologique.

La vie de tous les jours ne nous propulse pas forcément au plus profond ; de façon générale, elle nous porte à fonctionner à haute vitesse et nous empêche parfois d'assimiler nos expériences les plus signifiantes. Chez certains, dont les témoignages sont saisissants, c'est au détour de la maladie qu'une joie édifiante se serait même manifestée, une joie dépeinte comme une victoire sur l'épreuve. Une victoire non pas reliée au physique, mais rattachée à une dimension dite spirituelle, le noyau impérissable que même le cancer ne peut atteindre. Autrement dit, le cancer ne peut pas happer l'être tout entier. Il est audacieux d'avancer qu'à travers même la vulnérabilité, des forces insoupçonnées s'installent et compensent graduellement les exploits du temps de la bonne santé ; mais c'est souvent le cas. Les nouveaux défis somment la personne blessée de dénouer l'impasse et de modifier ses perceptions. Cette joie, difficile à mettre en mots, évoque une phrase magnifique écrite par Christiane Singer quelques années avant sa mort : « Que je vive ou que je meure, je choisis la vie[5]. »

Il serait par ailleurs illusoire d'escamoter ou d'accélérer sa propre trajectoire, car l'issue d'une maladie grave n'est jamais écrite d'avance. La personne s'apprête plutôt à bêcher sur un terrain inexploité, imprévisible. Tout ce qui compte, c'est la tranchée qui mène jusqu'à soi. Par-delà les embûches, une certitude persiste : la capacité de vivre ce qui advient, sans saccager le rythme de son cheminement personnel ni masquer sa réalité. Reste néanmoins à donner un sens à ce qui, en apparence, n'en a plus.

Étonnamment, le connu peut constituer un obstacle et empêcher l'être de s'en sortir autrement, de remuer ses ressources intérieures en puissance. En l'absence de défi à relever, l'homme ne saurait composer avec la souffrance existentielle à laquelle un jour ou l'autre il est inévitablement confronté. Sans en faire l'apologie, la souffrance lance un appel au dépassement de soi, car souvent, au cours de la lutte contre la maladie, le plus haut potentiel humain surgit. C'est ce qu'exprime Christian Bobin : « Ce que je trouve est mille fois plus beau que ce que je cherche[6]. »

Ainsi, la maladie nous invite à la patience et à l'endurance, alors que la vie sans remous risquerait de nous maintenir à marée basse, précisément là où la nage s'avère impossible. Prenons une comparaison avec le scaphandrier qui s'adonne à la plongée sous-marine ; il découvre dans

[5] SINGER, Christiane, *Où cours-tu ? Ne sais-tu pas que le ciel est en toi ?* Paris, Albin Michel, 2001, p. 147.

[6] BOBIN, Christian, *Autoportrait au radiateur*, Paris, Gallimard, 1997, p. 96.

les tréfonds de la mer des trésors que la surface ne lui livre pas. L'océan, à l'instar de l'homme, est parfois calme, mais parfois s'agite avec déchaînement. Sous ses vagues, on trouve des étoiles de mer, des coquillages perlés, des pierres précieuses et des épaves rares. C'est pourquoi ses reliques du passé aboutissent sur la grève. La surface ne montre que les débris, alors que la profondeur cache ses merveilles. Au fond de soi, au fond de son propre *espace océanique*, existent un lieu, une direction et un être à découvrir. L'épreuve entraîne tôt ou tard une plongée en soi, car le malheur ne tombe pas à côté de soi. On doit accéder prudemment à l'inconnu, solidement attaché au fil nous reliant à l'autre, car le repli, la peur et l'isolement à long terme deviennent les pires ennemis des personnes éprouvées. Il faudra apprendre avec le temps à troquer certains mots aux retombées anxiogènes contre d'autres beaucoup plus apaisants, par exemple : l'anxiété contre la curiosité, la peur contre l'audace, le découragement contre une certaine confiance. À lui seul, le recours à de nouveaux mots entraîne une atténuation des tensions et produit un état beaucoup plus calme. De là jaillit une première source d'apaisement. Mais parce que les résultats fluctuent au gré du temps, l'ambivalence des sentiments du malade s'annonce incontournable. Il est important de saisir qu'un état d'âme n'est jamais fixe, il reste ouvert, disponible et en mouvance ; c'est pourquoi la souffrance ne peut constituer en elle-même une expérience continue : elle se transforme au contact de personnes importantes pour nous, capables de nous prêter leurs propres forces.

L'inconnu promet son lot de belles et de moins bonnes surprises. Tout dans la maladie n'est pas que néfaste. La rencontre de personnes qui, avant que la maladie survienne, nous étaient étrangères représente parfois des sources inattendues d'inspiration et de motivation pour avancer sur notre propre chemin. L'inconnu est un moteur qui nous propulse en avant ; il nous invite à déployer « le ressort invisible » en nous, en vue d'encaisser les nouveaux assauts, de rebondir et d'émerger des ténèbres, malgré les pertes successives. Notre ancien besoin de tout contrôler cède alors la place à la recherche d'une qualité de vie malgré la maladie.

3

La volonté de vivre influence-t-elle le temps de survie à un cancer ?

À ce jour, la recherche scientifique n'a pas démontré que de vouloir vivre à tout prix peut aider à vaincre le cancer. Des observations cliniques ont mis au jour quelques exemples où cette volonté de vivre semble avoir contribué au processus de survie, alors que d'autres témoignent que l'attitude positive de la personne n'aura eu aucun impact sur la durée de son parcours écourté. Néanmoins, selon la croyance populaire, la volonté compte à coup sûr parmi les principaux facteurs qui prolongent la vie, le risque étant de considérer le fait de ne pas y arriver comme un échec personnel.

De façon générale, on sait que l'effort, la volonté, le désir et la détermination libèrent une énergie créative, favorisent la recherche de l'idéal (à ne pas confondre avec l'irréalisme), mobilisent l'entourage et nourrissent l'espoir secret du patient de contourner les pronostics établis par les médecins. Pour la plupart, il semble toutefois difficile de miser davantage sur la qualité de vie que sur sa quantité. La longévité est perçue comme le défi par excellence et une réussite personnelle. Étonnamment, dans leur discours, les gens en santé rejettent le vieillissement, ils le décrivent comme une calamité. On ne veut pas vieillir, mais on veut vivre longtemps. Or, plus un individu avance en âge, plus sa conception du vieillissement change. Tout demeure relatif à l'expérience de celui qui parle, à son appréciation des choses et des personnes. On ne veut pas vieillir, on ne veut pas souffrir, on ne veut pas changer physiquement, mais du même souffle, on refuse la maladie et une vie trop courte. Si chacun dessinait sa ligne de vie et tentait d'en indiquer la longueur espérée, on obtiendrait un assortiment de croquis diversifiés, inspirés des expériences personnelles de la perte, du lien que chacun entretient avec la vie, de sa perception de la mort, de ses valeurs, de ses appréhensions, de ses croyances. La pensée s'articule autour de l'expérience et des habitudes personnelles au détriment d'une vision plus élargie des imprévus que comporte la vie entre son début et sa fin. Comment vivre pleinement tout en perdant graduellement ?

Deux exemples me viennent à l'esprit pour illustrer l'impact de la volonté de vivre et les défenses massives qui, à l'annonce d'une maladie grave, s'élèvent spontanément contre la mort. Je pense à cet homme de 60 ans qui, dès la première consultation, me prévient : « J'espère que votre approche ne vise que la survie par la pensée positive, car il n'est pas question pour moi d'aborder le sujet de la mort. J'ai un cancer du poumon, l'oncologue "me donne" un an à vivre, mais je ne le crois pas. Je viens d'adhérer à un protocole de recherche plus prometteur. Les traitements à l'essai pourraient me faire dévier des statistiques et prolonger mon espérance de vie. J'y crois fermement et je fonce. Je serai le premier patient à démontrer que la volonté produit le miracle. »

Quelques mois avant les premiers signes de la maladie, la faillite de son entreprise avait forcé cet homme à laisser un emploi qu'il adorait et qui surtout lui permettait de créer des œuvres d'art. À l'annonce du diagnostic, il a spontanément opté pour un changement de vie et un travail à temps partiel à la maison. Avec l'appui d'une nutritionniste, d'un entraîneur en conditionnement physique, d'une thérapeute en psychologie, de spécialistes en oncologie et avec l'engagement soutenu de sa conjointe, il réanima en lui le geyser d'une vitalité dormante. Il fallait voir sa détermination, entendre ses déclarations sur l'importance d'une vie renouvelée, d'un recommencement, pour comprendre son espoir comme une manière de tourner le dos à la maladie et à ses affres. Cette forme d'espoir naît d'une détresse intolérable, d'un refus catégorique. Il n'est pas recommandé de confronter une personne dans cet état aux faits objectifs, de la projeter au sol comme si on cherchait à désamorcer une bombe sur le point d'éclater. Il faut d'abord contenir son désarroi, écouter son cri, s'incliner devant un désir aussi fort de vivre, de survivre et d'échapper « à jamais » à la mort. Il luttait, combattait, affrontait le quotidien avec courage ; sa volonté de vivre semblait infatigable. Au point où j'ai cru non pas assurément en sa guérison, mais en la puissance de ses efforts, en la beauté de son aspiration. Il cherchait en moi non pas un juge ni un devin, mais seulement un témoin de son ambition plus forte même que l'œuvre de la mort. Il a gagné même s'il n'a survécu qu'un an pile. Sa victoire fut métaphorique, la perspective de mourir l'ayant rendu pleinement combatif. « Le plus épouvantable, ne serait-ce pas, au moment de quitter la vie, de n'avoir aucune raison d'être triste[7] ? »

---

[7] SERVAN-SCHREIBER, David, *Anticancer. Prévenir et lutter grâce à nos défenses naturelles*, Paris, Robert Laffont, 2007, p. 45-46.

Le deuxième exemple concerne une femme qui avait longuement hésité à consulter pour un cancer du sein dont les signes s'intensifièrent de façon alarmante par l'écoulement d'un liquide. Elle qualifiait son passé de malheureux. Elle était de nature pessimiste, ne voyant en l'avenir que l'étirement de son désarroi. Dans son discours, elle ne tenait plus à vivre et considérait son pronostic comme une porte de sortie. Le deuil non résolu de son conjoint avait accentué son manque de joie de vivre. L'amour pour ses enfants avait en revanche réussi à donner un sens et un fil conducteur à son existence. Son renoncement à vivre n'était pas toujours verbalisé, il s'actualisait par d'autres manifestations : l'isolement et le repli sur soi, la mésestime et la dévalorisation de soi, les regrets, l'insatisfaction, les attentes et les idéaux élevés, le sentiment d'être une victime, le refus de sa réalité. Cette femme était belle, son aspect physique comptait encore beaucoup pour elle. Malgré ses nombreuses pertes, elle avait préservé son apparence. Son humeur dépressive persistait, mais elle rejetait le recours à la médication. Sa personnalité attachante, mais par moments déconcertante, l'amenait très souvent à refuser les soins. On lui avait prédit une bien courte survie, mais elle a dépassé de loin les prévisions médicales. Je me suis demandé au moins une fois si sa détresse psychologique risquait d'accélérer le processus de sa fin de vie. Tel n'a pas été le cas. Sa mort a été lente à survenir. Elle l'a frôlée à plus d'une reprise, mais retombait toujours du côté de la vie. À un moment, son énergie a repris, sans le goût de vivre. Le désir de vivre est subtil, impalpable, inconscient, difficile à cerner, il fluctue, résiste et parfois s'évanouit. Tout comme l'homme de 60 ans, cette femme morte à 50 ans m'interpelle encore aujourd'hui, son vécu me touche. La part innommée de sa souffrance a été engloutie avec elle. Elle a longtemps supplié la mort de la délivrer, mais la mort ne s'est nullement précipitée à son appel.

Ces deux situations bien différentes démontrent que l'absence de motivation à vivre n'accélère pas forcément la phase terminale, et d'autre part que la volonté de vivre n'influence pas automatiquement le temps de survie à un cancer. C'est aussi ce que la science tend à démontrer. Quelque chose de plus fort et de plus grand que soi nous échappe, dans la vie comme dans la mort.

4

Si la vérité n'est pas toujours bonne à dire, est-il nécessaire d'annoncer la mort à une personne gravement malade ?

Renseigner une personne malade sur l'évolution de sa situation, traiter plus à fond avec elle du sujet tant redouté, lui donner l'occasion de se préparer à l'inéluctable, mettre en place tous les services possibles et utiles pour elle sont les motifs que le médecin peut invoquer pour dire la vérité. Il ne saurait cependant lui confirmer un temps précis de survie, par exemple : « Vous n'en avez que pour trois semaines à vivre », même s'il ne manquera pas de lui signifier avec tact et précaution la gravité de son pronostic. Souvent, le médecin peut déterminer si les traitements sont appropriés même si leur résultat est incertain, ou s'ils s'avèrent désormais inefficaces. Le cas échéant, il guidera son patient vers des soins palliatifs. Ce type d'information contribue à mieux situer le malade et à l'assurer d'une présence médicale fiable, malgré l'absence de traitements à visée curative. L'oncologue (ou parfois le spécialiste en soins palliatifs), avant de livrer une dure nouvelle, demandera idéalement au patient l'autorisation de lui parler ouvertement. Si le patient est accompagné d'un proche au moment de recevoir la nouvelle, un proche sécurisant et capable d'encaisser le coup avec lui, la suite pourrait alors se dérouler dans les meilleures conditions possibles.

De façon générale, l'être humain compose mieux avec la vérité qu'avec les non-dits, les mensonges, les duperies, les cachettes, les secrets et les situations inconfortables que ces comportements engendrent. On ne doit pas sous-estimer son courage, ses ressources intérieures, ses capacités de s'adapter graduellement à sa dure réalité. La vérité laisse au malade la liberté d'y réagir à sa façon.

J'ai eu le privilège d'assister à ce genre de rencontre entre le médecin et son patient, ou encore lors de réunions de famille, et j'ai observé l'approche du médecin compatissant, touché par la vie menacée de son patient. Le médecin agit alors avec la prudence de l'explorateur qui sonde le terrain : « Que savez-vous de votre maladie et comment vivez-vous votre situation actuelle ? Recevez-vous l'aide nécessaire de vos proches ? Quel est le profil de vos journées ? Avez-vous des craintes, des doutes ou des questions auxquelles je pourrais peut-être répondre ? » Une telle rencontre ne peut avoir lieu à la sauvette, dans un corridor ou par téléphone. Il faut prévoir au moins une heure pour la réunion, dans un lieu qui se prête à la confidence et offrir au malade un suivi à brève échéance.

On ne peut présumer de la réaction du malade et de ses proches à l'annonce d'une mauvaise nouvelle. Certaines personnes s'étonnent de ne pas s'effondrer sur place et tiennent le coup grâce à leur réalisme, leur acceptation, leur confiance et leur courage. D'autres, plus pessimistes de nature, n'osent plus investir dans un avenir trop incertain. Elles abdiquent sur-le-champ, mais pourront néanmoins vivre au jour le jour avec l'aide du personnel soignant et d'une personne-ressource. Le malade n'est pas seulement préoccupé par ce qui lui arrive, il se soucie aussi des siens et cherche la plupart du temps à les consoler. Autrement dit, la peine circule entre le malade et ses proches. Certains tenteront de s'encourager mutuellement, alors que d'autres risquent de glisser dans des pensées plus sombres. Ils doivent recourir à une forme de soutien pour solidifier les ponts et dénouer les tensions avant la séparation ultime.

La vérité, contrairement à la croyance populaire, peut redonner au malade les forces nécessaires à sa solidité psychologique. La personne malade n'est pas dupe, c'est elle qui expérimente les saccages dans son corps, elle les ressent sans que personne ne les nomme. Dire la vérité au malade, ce n'est pas prononcer son arrêt de mort ; au contraire, la révélation peut redonner l'énergie que le doute ou l'absence de confirmation avait jusque-là sapée. La vérité redonne au patient le pouvoir de mieux s'organiser, alors que les non-dits à long terme minent ses actions. Connaître la vérité accélère également le cheminement des proches du malade ; ils fournissent alors l'effort de composer avec ce qui, au départ, leur semblait inacceptable. Souvent, les proches n'osent pas manifester leur acceptation de la situation du malade de peur que celui-ci y perçoive un mouvement d'abandon ou une abdication. La vérité partagée dans une communication ouverte et sensible redonne à la dynamique relationnelle sa fluidité initiale.

Mais il y a un temps et un lieu pour chaque chose. Le messager ne doit pas être étranger au malade, et celui-ci ne doit pas le trouver antipathique. Il arrive parfois qu'un résident en médecine, complètement inconnu du malade, soit mandaté pour livrer la nouvelle ingrate alors qu'ils ne se sont jamais rencontrés durant le parcours médical. Cela est fort malheureux. Pour certaines personnes, ne pas savoir ce qui se passe sur le plan de la santé ou ignorer le pronostic donne l'illusion de ne pas être affecté. De là provient l'adage : « Ce que l'on ne sait pas ne fait pas mal. » Le droit à la vérité est un droit fondamental, mais si un patient demande à son médecin de ne pas être informé précisément de ce qui lui arrive ou d'en informer uniquement une personne importante pour lui dans son entourage, il doit également être respecté. Idéalement, le médecin s'adapte au profil psychologique de la personne qu'il soigne, tout en lui proposant des stratégies dorénavant plus utiles que les défenses déployées jusque-là.

Annoncer une mauvaise nouvelle peut donner l'impression d'achever celui qui la reçoit, d'accélérer sa dégradation, d'induire un stress ou d'entraîner un état dépressif. Il n'existe aucune preuve scientifique corroborant ce genre d'hypothèse. D'ailleurs l'inverse pourrait également être possible : ne pas dire, fuir, cacher, éviter la vraie rencontre pourrait causer certains dommages au malade ainsi qu'aux personnes qui le soignent, le côtoient ou tentent de l'aider avec authenticité. Il importe de dire ou de faire les choses au fur et à mesure, avec réflexion, discernement, circonspection, et surtout d'offrir au malade une présence assidue et lui proposer d'autres avenues.

Toute nouvelle éprouvante risque de créer une « commotion psychique », mais la façon dont le contenu est livré fait toute la différence et permet au malade un ajustement inespéré. Il est normal pour le médecin de sentir un inconfort avant de parler, d'avoir peur de décevoir, mais son émotivité ou sa vulnérabilité rejoint aussi la réalité du malade qui préférera l'authenticité à la froideur. La compassion de l'autre jette un baume sur la détresse personnelle. La vérité prudemment annoncée, jumelée à l'authenticité du messager, favorise un cheminement que le non-dit aurait retardé, voire empêché.

5

J'ai décidé de ne dévoiler mon diagnostic (cancer) à personne dans mon entourage, à part mon conjoint. Les enfants, les amis ne sont pas au courant. Ai-je raison ?

Quand ? Comment ? À qui ? Pourquoi le dire ? sont des questions majeures à se poser, et il faut tenter d'en évaluer les enjeux. Les réactions des proches à l'annonce d'un cancer sont parfois prévisibles, parfois totalement surprenantes. Transmettre une nouvelle inquiétante déclenche dans l'entourage des sentiments partagés, des craintes basées sur les expériences individuelles, des croyances multiples et parfois rigides sur la provenance et l'aboutissement d'une épreuve, des suppositions liées au regard que chacun pose sur la maladie, la perte et la fin de vie. Les personnes qui nous sont proches ne sont pas toujours conscientes des projections qui entrent en jeu ; chacune se prononce comme s'il s'agissait de sa propre situation et parvient difficilement à se centrer sur le récit de l'autre, dont l'histoire singulière mérite une écoute, une présence et un appui beaucoup plus qu'une litanie d'opinions et de conseils empressés.

Parmi les amis, quelques-uns vont d'emblée resserrer les liens, offrir leur soutien, rendre service, privilégier des moments de détente et de distraction. D'autres vont systématiquement se retirer. C'est la peur de ne pas savoir quoi dire qui parfois l'emporte, au risque même de briser la relation. Cet inconfort est classique ; heureusement, la majorité des gens arrivent à le surmonter. Pour d'autres, par contre, la confrontation est trop envahissante, ils se sauvent au pas de course, pris d'un malaise qui ne sera jamais nommé.

Le profil de la relation de couple détermine la façon dont le conjoint réagira à la nouvelle du cancer. Son histoire personnelle et sa personnalité détermineront s'il pourra offrir ou non son appui. Dans le malheur, certains couples se rapprochent, d'autres s'éloignent par manque de confiance, de générosité, ou par faiblesse morale. Ainsi, certaines personnes seront délaissées durant leurs traitements, alors que d'autres seront accompagnées assidûment. On ne peut juger des limites de chacun. Des malades ont été déçus par la froideur ou le manque d'empathie d'un intime. Ils avaient misé sur leur complicité pour redoubler leurs forces, mais bon nombre d'entre eux ont dû se relever seuls après que l'être cher eut pris la fuite de manière inattendue. Quand le soutien d'une personne proche est possible, il s'avère précieux : il influence positivement le moral, délivre la personne malade de certaines responsabilités devenues trop lourdes, l'aide à porter les questions que suscite la maladie. Avoir un allié pour faire face à l'inconnu alimente le courage requis pour ne pas abdiquer trop vite et favorise la stabilité de l'humeur.

Certains parents pensent protéger leurs enfants en leur cachant leur maladie, s'imaginant qu'ils sont trop petits pour comprendre. Ils se trompent. L'enfant a besoin de savoir. Les parents doivent s'adresser aux enfants avec des mots adaptés à leurs questions et à leur âge. On constate aussi que les enfants démontrent beaucoup de maturité en apprenant une nouvelle angoissante. Si l'enfant provient d'un milieu bienveillant, d'un couple sécurisant, il acquiert très tôt les aptitudes nécessaires pour composer avec les frustrations et l'adversité. Dans ce contexte, la qualité et la proximité de sa relation avec ses parents dament le pion à ses peurs. Il fait naturellement confiance. Il possède une confirmation intérieure que l'amour de ses parents est permanent, l'ayant appris lorsqu'il était tout petit et que, seul dans sa chambre avant de s'endormir, il sentait leur présence même s'ils étaient momentanément disparus de son champ de vision : elle était à jamais inscrite dans son cœur. Au cours de son développement, il a appris à intérioriser ses parents et à compter sur eux. Déjà, les premières années de sa vie lui ont donné cette confiance. La psychologie du deuil porte d'ailleurs sur cette intériorisation du lien préalablement établi avec le disparu. C'est ce que la psychologie du deuil tente de démontrer par l'intériorisation non pas du parent disparu (mort), mais du lien préalablement établi avec celui-ci. Compter sur sa mère ou sur son père, même absent à cause de la maladie et grâce à la faculté de reproduire intérieurement sa présence à volonté, relève de la prouesse de l'esprit. Si la présence est transitoire, le lien, lui, peut se perpétuer, s'incruster dans la mémoire cognitive ou sensitive du survivant.

Bien souvent, l'adulte sous-estime la maturité de son enfant ; le parent le surprotège avec de bonnes intentions, mais, placé devant l'épreuve familiale, l'enfant ayant atteint l'âge de raison lui sera d'un précieux secours. Les rôles ne sont pas forcément inversés ; une mère préserve son tact, son amour malgré la détérioration de sa santé, un père demeure bon conseiller malgré son ralentissement. L'enfant comprend que les capacités physiques de son parent sont en cause. Il redouble alors d'énergie pour assurer la continuité de certaines activités et tend à devenir raisonnable devant les pertes qui lui sont imposées. La plupart des enfants ont une capacité d'adaptation qui parfois échappe aux adultes. À la condition, bien évidemment, d'avoir très tôt connu la sécurité affective dans les bras de leurs parents.

La maladie incite souvent le malade à s'isoler, elle le plonge dans une solitude existentielle qui peut peser, mais qui apporte aussi son lot de satisfactions. Beaucoup de personnes vivent seules. Certaines se mettent à peindre, à dessiner, à écrire, à jouer d'un instrument de musique, à parcourir un livre, à prier. Ce sont là des activités qui donnent un sentiment d'accomplissement malgré l'absence d'autrui. Le mouvement de la vie permet une distance qui peut être nécessaire à un renouvellement, puis à des retrouvailles. Chaque période, chaque étape, chaque moment a son importance. Le cheminement d'une personne dont la santé est précaire a sans nul doute inspiré les linguistes qui ont proposé le mot « patient » comme synonyme du mot « malade ». Patience, réflexion, repos, silence, introspection prédisposent à la communication avec les siens. Trouver les mots justes, faire comprendre que le chagrin et la force s'agitent en soi avant de s'exposer au regard de l'autre, voilà une étape essentielle. Dévoiler son état de santé à ses proches demande une disponibilité propre à chacun. Il est aussi hasardeux de se précipiter que de tarder à le faire, car les secrets avec le temps créent des barrières inutiles, entravent la dynamique de confiance qui existe avec les autres ou empêchent le resserrement de liens si précieux durant l'expérience de la maladie.

Choisir le moment propice, aménager une ambiance enveloppante, se préparer à entendre des réactions indésirables mais passagères, s'armer de patience et miser sur l'amour que l'on porte aux personnes qui nous sont chères demeurent les conditions favorables à la rupture de l'isolement.

6

Quelles sont les principales peurs du malade entre le diagnostic et la fin de sa vie ?

Les principales peurs que nous confient les malades sont d'abord la peur de souffrir, ensuite d'être abandonnés, d'être un fardeau pour leurs proches, et enfin, la peur ultime, celle de la mort. La peur de souffrir est de loin la plus fréquente. Dans l'imaginaire, la douleur revêt une intensité qui pourrait ultérieurement s'éprouver, mais il arrive aussi que l'idée qu'on s'en fait par avance l'amplifie. La douleur s'exprime selon des seuils de tolérance, et, dans ce sens, elle est à la fois réelle (objectivable) et subjective (relative au sujet). Son intensité varie d'une personne à l'autre. Le pouvoir de l'enrayer est tributaire de la médication et d'autres facteurs, comme l'endurance du patient et ses limites. La psychologie du malade, l'attitude de l'entourage et d'autres phénomènes inexpliqués peuvent influencer la violence de la douleur. Par exemple, l'anxiété préexistante ou celle qui se développe à la suite du diagnostic en accroît inévitablement l'impact. Il en est de même pour la dépression ; au contraire, avoir un bon moral chasse la douleur non pas du corps, mais de l'esprit. Des exercices de détente et de visualisation peuvent aussi réduire la douleur. La peur de souffrir sous-jacente à la peur de mourir frappe les esprits même les plus élevés, car personne ne peut se dire à l'abri. La peur s'apprivoise, se traverse, se surmonte ; ainsi, on a le sentiment d'avoir triomphé sur ce qui au départ nous paraissait infranchissable. Il est donc tout à fait normal d'avoir des peurs et réellement possible de s'en délivrer petit à petit, temporairement ou définitivement.

Une autre peur escorte la maladie : celle d'être délaissé ou oublié. Elle survient à cause de la dépendance dans laquelle la maladie nous plonge brusquement. Elle s'entremêle au sentiment d'insécurité, qui tire son origine dans la petite enfance. Parallèlement avec les signes de la maladie, le souvenir de sa vulnérabilité d'enfant remonte à la surface et déstabilise la personne malade. La solitude s'impose, mais le recours à une présence fiable, disponible et accessible apportera aussitôt un point d'ancrage, source de calme et de réconfort. Être accompagné, rassuré et soigné par un proche donne le courage de composer avec sa souffrance. Une personne peut toujours se débrouiller seule, du moins pour un certain temps, à la condition que ses liens affectifs aient été établis avant l'arrivée de la maladie. Autrement, à la douleur physique pourrait s'ajouter le syndrome d'abandon. Quand un enfant a dû se débrouiller par lui-même à des moments cruciaux et périlleux de sa vie, la perspective de souffrir et de mourir seul lui rappellera durement son ancien mal de vivre. Au contraire, ne pas avoir été abandonné à ses peurs favoriserait la capacité de s'abandonner à son propre sort.

La peur d'être un fardeau, de s'imposer à ses proches, de les retenir ou de les accabler peut aussi envahir le malade. L'ère moderne privilégie l'indépendance, la débrouillardise, l'individualisme, si bien que demander de l'aide met la personne vulnérable dans l'embarras. Elle n'ose pas. Elle espère plutôt que les siens lui offriront spontanément leur aide, elle minimise sa situation pour ne pas les épuiser. D'autres, au contraire, exagèrent leur état afin d'obtenir l'attention de leur entourage. Ces comportements, selon les cas, bloquent ou dégagent le cheminement de chacun. Chose certaine, la communication authentique dénoue les impasses, allège les malentendus et atténue les peurs jusque-là restées secrètes. Une peur verbalisée est à moitié surmontée.

La peur de mourir englobe toutes celles qui précèdent. Elle est seule responsable de nos appréhensions et de notre procrastination. Remettre à plus tard ce que nous pouvons accomplir aujourd'hui est une manifestation classique de notre désir de longévité. Nous cherchons ainsi à étirer le temps qui nous est alloué alors que notre vie file à toute allure. Nous nous projetons jusqu'au vieil âge tout en maugréant contre le processus qui nous y mène. Le vieillissement trace le portrait d'un long parcours et nous maintient sur l'inachevé. Ne pas terminer une œuvre donne l'illusion de ne pas cesser de vivre. Sera-t-il seulement possible de mourir sans rien laisser en plan ? Le grand défi persiste : partir en laissant derrière soi des projets qui seront complétés par nos successeurs. « On ne peut prétendre à une vieillesse sereine et lumineuse sans avoir fait le deuil de sa jeunesse et médité sur sa mort à venir[8]. »

La foi aide un certain nombre de personnes à surmonter leurs peurs. Ces gens ne considèrent pas la mort comme une fin, mais comme un passage vers une vie après la mort. La beauté céleste les détache de la terre et du matériel. La tranquillité de l'âme surpasse la peur de la séparation des corps. La conviction qu'il existe un plus grand que soi déloge la peur de disparaître. La sérénité s'insère dans la perspective de mourir physiquement et de renaître autrement. Mais

---

[8] DE HENNEZEL, Marie, *La chaleur du cœur empêche nos corps de rouiller. Vieillir sans être vieux*, Paris, Robert Laffont, 2008, p. 19.

cette façon extraordinaire de voir les choses peut s'inverser à l'occasion ; elle chavire alors, le temps de retrouver son chemin.

L'homme sans peur n'existe peut-être pas. Il nous arrive à tous de nous effrayer, même aux croyants. Une seule chose semble certaine : la peur de mourir se résorbe en mourant.

7

On dit que la maladie permet la transformation intérieure ; je n'y parviens pas. Pourquoi ?

La transformation intérieure, comme conséquence de la maladie, n'est pas forcément assurée, immédiate ni spectaculaire. Elle n'est pas toujours perceptible, prévisible, préétablie ni même nécessaire. Au contraire, la métamorphose surprend par sa manifestation et survient souvent dans un moment inattendu ou dans des circonstances inouïes. On ne peut forcer un état qui nous est inconnu ou qui nous paraît inaccessible, il advient justement parce qu'il n'existait pas. La transformation n'est pas courante ni systématique ; elle s'installe chez des personnes qui n'avaient peut-être pas imaginé ou exploité tout leur potentiel avant l'épreuve. La transfiguration relève d'un travail psychique et non pas de l'évidence. La souffrance qui précède le mieux-être ne peut être escamotée. Nul ne peut passer de la perte graduelle à un gain instantané. Il faut parcourir les étapes, qui généralement ont débuté par une chute, suivie d'un redressement, d'une longue marche, d'un virage, d'un nouveau départ vers un but à atteindre. Ce genre de parcours n'est ni tracé d'avance ni inscrit dans les gènes. Il fait appel à un désir de croissance personnelle basée sur la réflexion, la prise de conscience, les rencontres inspirantes, ou sur la volonté de changer sa philosophie et ses habitudes pour une vie de meilleure qualité.

Plusieurs personnes demeurent foncièrement les mêmes, malgré les changements ponctuels que leur impose la maladie. On ne peut présumer de la durée de cette absence apparente de réaction, ni du moment d'un retournement majeur à un stade plus avancé. Mais il se pourrait fort bien que la maladie ne modifie en rien les façons d'être du malade. Ce n'est pas le but recherché. Certains changements survenus lors d'une maladie grave ne sont pas empreints de sérénité ou de joie profonde. Il arrive qu'une personne ne puisse considérer la crise comme une occasion à saisir, mais plutôt comme une terrible aventure dont la durée se prolonge ou dont la portée « positive » tarde à venir.

La démarche de chacun requiert une patience d'ange et la confiance en une possible refonte identitaire, à la condition qu'elle soit souhaitée, utile ou pressentie comme telle. Pour cheminer et transformer le malheur en une expérience éclairante, certains auront recours à la psychothérapie, d'autres à leurs talents créateurs, et d'autres encore à une période d'isolement leur offrant un intermède entre la vie avant la maladie et celle qui, depuis, s'annonce tout autrement. Pour certains, la démarcation est claire, mais pour d'autres le passage n'est ni marqué ni marquant. On ne peut commander l'évolution de son état, on doit plutôt se montrer disponible, ouvert, curieux et intéressé par les changements qui s'opèrent en soi, parfois avec subtilité. Le travail intérieur est invisible, silencieux, il se produit souvent à notre insu, jusqu'au jour où les modifications passent de l'abstrait au concret. Le changement, même espéré ou attendu, étonne toujours.

Par ailleurs, la transformation de son être, même quand elle s'avère heureuse pour soi, peut inquiéter ou déstabiliser l'entourage. Les proches ont connu et aimé la personne, avant sa maladie, pour ce qu'elle était ou représentait ; il se pourrait que le changement profond qu'elle expérimente crée une forme d'insécurité chez son entourage : « Il n'est plus comme avant » ; « Je ne le reconnais plus » ; « Il change à vue d'œil ». Ces expressions illustrent les déceptions ou les appréhensions qu'expriment les proches. Il arrive d'ailleurs que la personne malade n'ose pas se laisser voir sous un nouveau jour afin de ne pas contraindre, éloigner ou perdre les siens au cours de son ascension personnelle. La transformation intérieure se vit alors dans l'ombre, en silence, mais elle procure éventuellement le calme et l'ancrage nécessaires pour retourner à la vie extérieure.

L'entourage note parfois dans le caractère du malade des changements indésirables qui contrastent radicalement avec son passé. Plusieurs facteurs expliquent ce phénomène : les ravages de la maladie, l'effet des médicaments, la dégradation physique, la succession des pertes, somme toute, des réactions psychologiques proportionnelles à la désorganisation qui s'installe. Le changement chez un individu appelle aussi le changement dans son couple ou au sein de sa famille. C'est toute la maisonnée qui chavire. Les proches refusent la modification de la dynamique familiale ou, au contraire, y consentent.

Pour leur part, les changements dits positifs peuvent contribuer à entretenir un certain idéalisme selon lequel la personne malade sera à jamais transformée par la souffrance. Mais quand cette dernière est intense, répétitive et non soulagée, la paix de tous chancelle. Libérer le malade de ses douleurs physiques ouvre chez lui la voie à une meilleure disposition psychologique.

Plusieurs facteurs, dont la santé psychologique du malade avant sa maladie, la qualité de ses relations, son seuil de tolérance aux assauts dans son corps, agissent dans le processus menant à la sérénité. Être serein ne veut pas dire ne plus souffrir, ne jamais se plaindre ou se replier sur son sort ; mais « on atteint la sérénité quand on parvient à équilibrer cette double aspiration de l'homme toujours en quête de quelque chose et cependant heureux d'être arrivé[9] ».

La maladie incite la personne à faire le point, à établir des priorités quant à ses projets, car tous ne pourront pas être réalisés. À l'occasion de cette transition, le malade dresse généralement le bilan de ses accomplissements et réfléchit sur son avenir. La sérénité n'arrive pas comme par enchantement ; elle nécessite un entourage soutenant et parfois une aide professionnelle. On peut sortir grandi ou écrasé d'une épreuve. Mais pour que le malade puisse cheminer sur un terrain fertile, propice à la paix intérieure et à l'accueil de nouveaux fruits, il doit être libéré de ses douleurs physiques. « La guérison ne nous change pas du tout au tout. On demeure le même. Juste un peu différent, juste un peu mieux. Ce peu fait toute la différence[10]. »

---

[9] TALEC, Pierre, *La sérénité*, Paris, Bayard/Centurion, 1993, p. 147.

[10] LEDOUX, Johanne, *Guérir sans guerre. La guérison : une question d'harmonie*, Montréal, Flammarion, 2000, p. 152.

8

Depuis ma maladie incurable, il m'arrive de penser au suicide plutôt que de devenir un poids pour mes proches ; comment chasser mes idées noires ?

Certaines personnes craignent de devenir un poids pour leurs proches lorsque leur maladie s'aggrave. Est-ce une crainte fondée, confirmée par l'aveu même d'un proche, une appréhension personnelle, par exemple la peur d'être délaissé, ou l'adaptation difficile à l'idée de recevoir plutôt que de donner, la difficulté de se montrer vulnérable alors que tous nous perçoivent comme une personne forte, autonome et en santé ?

Si un proche précise qu'il ne peut pas administrer de soins ou qu'il ne pourra plus être présent lors de rendez-vous médicaux ni assurer le soutien du malade, il faudra suggérer d'autres personnes comme des ressources potentielles. Un ami, une nièce, un voisin, un bénévole ou un soignant offre parfois d'emblée ses services ou reçoit une demande d'aide. Beaucoup d'individus cherchent à se rendre utiles ou à prêter main-forte à quelqu'un qui souffre, mais ils n'osent pas offrir leur contribution par peur de commettre une intrusion. C'est pourquoi, lorsqu'une personne privée de son autonomie fait part de ses besoins, elle peut recevoir ce à quoi elle ne s'attendait pas.

La peur d'être délaissé ou d'être un fardeau est néfaste quand elle se prolonge. C'est un piège de l'esprit qui peut être surmonté par la communication directe avec ses proches. Cette peur peut se dénouer en la confiant à une personne clé dans son réseau affectif ou en l'explorant avec un professionnel de la santé. Les non-dits entraînent des malaises et des maladresses. Chacun reste sur sa position et souffre d'une paralysie de l'action. Souvent la personne malade est la mieux placée pour amorcer le contact avec une personne de confiance, lui exprimer ses besoins, ses désirs, ses craintes.

On dit que le suicide est une communication manquée. Les paroles retenues cherchent désespérément à se frayer un chemin, or le suicide s'avère une voie sans issue, finale. Parler de ce qui ne va pas peut prévenir une réaction impulsive et sans retour.

Contrairement à la perte qu'occasionne le suicide, les cadeaux de fin de vie sont étonnants. On les découvre lorsque la progression de la maladie se fait à un rythme qui favorise l'adaptation. Durant la dernière étape de sa vie, le malade nous livre un enseignement que nous ne trouvons nulle part ailleurs. Il laisse à ses proches une certitude : chaque personne peut vivre ce qui lui arrive sans que ce soit forcément catastrophique. C'est le cadeau de l'intimité, la grande intimité. En nous donnant de voir sa mort comme un processus ou un destin naturel, la personne malade nous transmet la force de la laisser partir. Mais si une personne se supprime en notre absence, à notre insu, la détresse de ceux qui lui survivent risque de se répercuter dans un tourment indissoluble. L'observation clinique démontre que la souffrance du suicidé, voire l'acte suicidaire, risque de se transmettre d'une génération à l'autre. Le visage du suicidé échappe au portrait de famille. L'histoire de sa vie est supplantée par l'histoire de sa mort. Personne n'ose plus parler d'un proche suicidé, mais la douleur de sa disparition brutale remonte vite à la surface. Sa mort reste un sujet tabou. Mourir d'une cause qui ne dépend pas de sa volonté n'a pas les retentissements qui entourent la mort que l'on se donne par suicide. La détresse qui s'ensuit est généralement immense, elle prend beaucoup de temps à se dissiper ; parfois, elle n'est jamais surmontée par les proches.

« Dès sa découverte, le suicide crée, chez les proches, un état de stress aigu : ils sont plaqués au sol, sous le choc, incapables de donner le moindre sens à l'événement. Les conséquences de ce stress aigu peuvent être préoccupantes à long terme[11]. »

Plutôt que d'imaginer l'évolution de sa maladie comme un lourd fardeau à infliger à son entourage, il importe de comprendre que la maladie peut aussi être une source de rapprochement. Offrir le meilleur de soi à une personne dont la vie se restreint, cela éveille le goût de la sollicitude. La solidarité qui en découle l'emporte sur le repli. La peur d'être un fardeau pour les siens empêche l'émancipation relationnelle. Dépasser cette peur est un antidote aux pensées suicidaires. L'accompagnement s'étale dans le temps, alors que le suicide fend d'un coup sec le cœur de l'endeuillé.

Les idées noires ne doivent pas aboutir à un projet d'autodestruction. Elles sont normales dans un premier temps, mais nécessitent aussi de la part du malade une réflexion à l'intérieur d'une vision plus juste de sa valeur personnelle ainsi que de la force et des ressources de

---

[11] Fauré, Christophe, *Après le suicide d'un proche. Vivre le deuil et se reconstruire*, Paris, Albin Michel, 2007, p. 21.

l'entourage. L'intervention d'un professionnel de la santé aide à y voir plus clair. La perte d'autonomie n'est pas une perte de soi ; le risque de confondre ses limites personnelles avec l'inutilité peut effectivement susciter chez le malade des idées noires, mais elles s'estomperont et feront place à des pensées plus réalistes, moins exagérées et profondément soucieuses de son entourage.

Le geste suicidaire est à craindre à cause de son caractère dramatique et fatal, irréversible. En se suicidant, la personne qui a peur d'être un fardeau envoie un message à ses proches : elle disqualifie leur potentiel d'amour. Les cadeaux à venir sont peut-être difficiles à imaginer, mais il importe de ne pas perdre la confiance en son propre chemin avant même qu'elle ait pu porter ses fruits. Si la famille nous a désertés, d'autres rencontres percutantes demeurent possibles jusqu'à la fin. J'en suis témoin au quotidien. Nul ne peut vivre ni mourir uniquement pour lui-même. Le rapport à la mort forme un dernier message à transmettre aux proches et il aura des répercussions sur eux. « Réveiller la vie qui est en train de se perdre demande une animation de proximité[12]. »

Les idées noires figurent parmi les rites de passage entre la détresse de l'inconnu et l'enchantement de la découverte. Dans les moments où tout nous semble irréconciliable, infranchissable, quelque chose d'inattendu et d'heureux peut encore survenir. Le doute offre un temps de retrait ; il doit être perçu comme un baromètre sensible aux variations et résistant aux pressions. Ne pas céder à la crise, la traverser à son rythme et à sa façon, parfois avec une aide psychologique, telle est la voie pour échapper à un geste irréparable.

---

[12] DE HENNEZEL, Marie, *Le souci de l'autre*, Paris, Robert Laffont, 2004, p. 156.

9

**Je voudrais cesser les traitements
de chimiothérapie qui jusqu'à maintenant
ne produisent aucun résultat,
mais ma famille me prie de ne pas lâcher.
Mes proches croient que j'abdique.
Comment leur faire comprendre
mon épuisement ?**

L'arrêt des traitements de chimiothérapie provient habituellement d'une décision médicale, l'oncologue ayant constaté qu'ils n'apportent pas les résultats escomptés ; en les poursuivant, on glisserait vers l'acharnement thérapeutique. Quand les traitements s'avèrent inefficaces, le plan de soin doit être révisé à la lumière d'un nouveau défi. Plus rarement, le malade arrive seul à cette conclusion ; il est toujours recommandé de bien considérer l'avis médical avant de cesser les traitements.

L'étape du renoncement est d'abord une épreuve pour la personne malade, et quand la famille y réagit, le processus d'adaptation personnelle s'appesantit et se fait au ralenti. Une telle décision a nécessairement des répercussions dans l'entourage du malade. Tant que l'on faisait appel aux traitements curatifs, le malade gardait l'espoir de repousser la mort, mais l'exploration de nouvelles pistes de soin et de soutien provoque parfois chez lui un sentiment de culpabilité et d'échec lié à l'incapacité de répondre au plan de soins initial, ou un sentiment de honte par rapport à sa famille déjà très investie dans son projet de guérison. Quand les proches consentent à la nouvelle réalité de la personne malade, leur assentiment contribue à lui transmettre une énergie affective. L'idée que le malade veuille ou doive mettre fin aux traitements à visée curative entraîne une grande déception chez les proches. Leur réaction est spontanée : « Dans notre culture du contrôle et de l'action, la présence toute simple a beaucoup perdu de sa valeur. Face au danger, à la souffrance, nous entendons une voix intérieure nous houspiller : "Ne reste pas là. Fais quelque chose !" Mais dans certaines situations, nous aimerions pouvoir dire à ceux que nous aimons : "Arrête de vouloir à tout prix faire quelque chose. Reste simplement là."[13] » Quand les proches insistent pour le maintien des traitements curatifs, cela peut affecter le malade, même si cette attitude provient de bons sentiments, même si la famille cherche par ce moyen à démontrer à son proche l'importance de sa présence. On ne veut pas perdre l'être cher ; le désir est sain, mais la réalité du malade impose le réaménagement de l'appui familial. Personne ne voit les événements de la même façon ni ne les assimile au même rythme, mais la personne malade mérite en tout temps la compassion, l'indulgence et le respect de ses décisions.

Contre une maladie mortelle, nul ne peut rien ; mais tous peuvent largement participer à un accompagnement assidu de qualité. Le sentiment d'impuissance éprouvé lorsque la guérison est hors de portée peut être surmonté par la puissance relationnelle et par l'attitude bienveillante.

---

[13] SERVAN-SCHREIBER, David, *Anticancer. Prévenir et lutter grâce à nos défenses naturelles*, p. 90.

La guérison du corps, qui était le premier objectif, fait place à la santé psychique (garder le moral, réaménager la direction de sa vie, privilégier la rencontre profondément humaine, développer sa sérénité). Un travail continu peut s'engager et se poursuivre aussi bien chez le malade que chez ses proches. Rien n'est jamais gagné d'avance ; parfois, les victoires ne sont pas celles auxquelles on s'attendait d'abord. Une perte bien intégrée permet parfois un gain jusque-là inespéré. Il arrive que les cadeaux de la vie nous surprennent dans des moments de détresse et qu'un sursaut de joie transforme notre humeur. Aussi, la famille pourra commencer à cheminer dans une nouvelle compréhension des choses ; graduellement, elle acceptera le changement qu'impose l'évolution du malade et de sa maladie.

La plupart des hôpitaux spécialisés dans le traitement du cancer et dans les soins palliatifs disposent d'un personnel formé pour bien expliquer au malade et à sa famille l'évolution de la maladie. Ces rencontres se font avec le consentement de la personne malade et ont pour but de répondre aux questions, de donner une information claire, et parfois simplement de dire : « Nous ne savons pas, nous devons nous adapter aux imprévus au jour le jour et nous serons là, à vos côtés. » Les explications médicales fournies dans un langage accessible facilitent la compréhension pour le malade et pour ses proches.

Parmi les effets du cancer, mentionnons l'épuisement du malade, c'est-à-dire sa grande fatigue, un état souvent banalisé ou sous-estimé. Le système d'une personne qui souffre d'une maladie évolutive est généralement privé de sa capacité de régénération. Par exemple, elle dira que son sommeil n'est pas réparateur, ou que les nombreuses heures de sommeil demeurent insuffisantes, ou qu'elle se sent accablée par une perte constante d'énergie. Les mots fatigue, faiblesse, accablement, épuisement n'ont pas la même portée chez le malade que chez le bien-portant. Le soignant est habilité à bien expliquer le phénomène aux proches du malade, qui sont portés à le pousser au-delà de ses forces. Leur intention est bonne, mais leurs attentes ne peuvent être comblées. Cela ajoute une forme de pression sur le malade, qui déjà met toute son énergie en branle pour vivre avec la maladie.

La peur de perdre l'être cher, de ne pas savoir quoi dire ni quoi faire, est à l'origine de toutes ces tensions. Chacun y va de son conseil le plus précieux. Ce n'est pas la bonne tactique. L'accueil, l'écoute, les menus services, les silences, les belles distractions, la disponibilité, l'adaptation, la souplesse, la générosité, la confiance, la sécurité personnelle et la bonté demeurent des atouts encore plus importants pour le malade que les conseils empressés basés sur des expériences variées. « Ceux qui m'ont le plus aidée durant cette épreuve ne *disaient rien*... Ils savaient ma douleur et je savais qu'ils savaient. Ils savaient écouter, au besoin, et ne tentaient pas de noyer ma peur et la leur sous un flot de *solutions*[14]. »

Mettre fin à un traitement qui, selon l'avis médical, ne fonctionne plus n'est pas abdiquer, ce n'est pas baisser les bras ni renoncer. C'est plutôt faire face à la réalité, qui au départ était imprévisible. Il faut beaucoup de courage pour changer de combat, modifier les plans, s'ajuster aux résultats, composer avec l'inconnu et voir en chaque étape l'occasion d'exploiter de nouveaux potentiels en réponse au déclin de son état physique. La personne malade se consacre alors à sa santé psychique pour continuer, jusqu'à la mort, d'aimer la vie.

---

[14] LEDOUX, Johanne, *Guérir sans guerre. La guérison : une question d'harmonie*, p. 111.

10

Depuis mon cancer, je redoute d'inspirer de la pitié ou de la crainte, de mettre les gens mal à l'aise. Comment composer avec le regard des autres ?

On définit la pitié comme une « sympathie qui naît de la connaissance des souffrances d'autrui et fait souhaiter qu'elles soient soulagées ». Ce mot a aussi une connotation péjorative dont le dictionnaire fait état : « On n'a pas d'amitié, on a de la pitié pour un pauvre. » Ou encore : « Il vaut mieux faire envie que faire pitié[15]. »

Retenons d'abord la première formulation, qui s'apparente à la sympathie, également confondue avec l'empathie. Toujours selon la définition du dictionnaire, la sympathie implique une « affinité morale, une similitude de sentiments entre deux ou plusieurs personnes », tandis que l'empathie est « la faculté de s'identifier à quelqu'un, de ressentir ce qu'il ressent ». La psychologie se rallie à ces définitions.

Ces formulations sont réconfortantes et attendrissantes. Une personne qui partage les maux de l'autre témoigne ainsi de son humanité, de son amour, de sa solidarité, de sa présence. Cette chaleur humaine contribue bien souvent

---

[15] *Le Petit Robert*, dictionnaire 2007.

à fournir à la personne malade l'énergie requise pour faire face à sa situation ainsi qu'un appui moral. C'est l'envers de l'indifférence, de l'insouciance, de l'impassibilité. Il s'agit, comme l'explique Lytta Basset, « d'un élan de compassion qui apparaît comme spécifique, qui se dit exclusivement avec un verbe : "être pris aux entrailles"[16] ».

Pitié (plaindre autrui) et compassion (sensibilité à l'égard de l'épreuve que vit autrui) à la fois se rapprochent et se distinguent. La pitié évoque l'attitude de la victime, que plusieurs tentent d'éviter, refusant de s'apitoyer sur leur propre sort et d'attendre passivement que les autres s'occupent ou se préoccupent à outrance de leur histoire. La plupart des êtres humains redoutent le jugement des autres. On a peur d'être jugé faible, sans défense. Les remarques d'autrui gênent la personne qui annonce timidement ou désespérément qu'elle vient de « tomber » malade. La personne malade ne veut pas non plus que les amis ou les proches aient pitié d'elle à cause de son apparence qui change depuis l'intrusion du cancer. Elle a tendance à confondre la pitié d'autrui avec leur tristesse.

À l'opposé de la pitié, la conviction que toute personne peut résolument se sortir d'une maladie grave n'est pas nécessairement utile au malade. Les expressions du genre : « Si tu veux, tu peux », ou : « Te connaissant, tu vas guérir », ou : « À elles seules, les pensées positives redonnent la santé » pèsent encore plus lourdement sur le sentiment de responsabilité et de culpabilité du malade. Plusieurs croient que tout devient possible quand il est question de défier la mort, alors que chaque personne directement aux prises avec

---

[16] BASSET, Lytta (dir.), *S'ouvrir à la compassion*, Paris, Albin Michel, 2009, p. 12.

la maladie agit selon ses limites, sa dynamique personnelle, son réseau social, sa capacité de solitude et d'introspection, son lien avec toute forme d'espoir, c'est-à-dire qu'il fait ce qu'il peut avec ce qu'il est et avec la gravité de son état. Car l'espoir ne se résume pas à vivre à tout prix ou à n'importe quel prix ; il y a une gradation dans la façon d'espérer, et ce, jusqu'au bout de la trajectoire. L'espoir ressemble à un état méditatif où une grande paix déloge l'angoisse devant l'avenir. Être renvoyé à une débrouillardise légendaire et « sans pitié » oblige en quelque sorte le malade à se retrousser les manches pour ne pas laisser la maladie prendre le dessus. Entretenir la pensée magique avec le malade peut être aussi dommageable que l'apitoiement.

C'est vrai, en règle générale, les gens craignent de côtoyer une personne qui vient de recevoir son diagnostic, en cours ou en arrêt de traitements, en soins palliatifs ou en deuil. C'est la peur de dire une bêtise qui rend l'ami ou le membre de sa famille étrange, distant ou trop avenant, volubile ou muselé. Certains bien-portants tentent spontanément et parfois sans relâche de faire quelque chose, même quand leur action ou leur implication n'est pas requise ou souhaitée ; d'autres, par contre, sont portés à se sauver, par peur eux aussi d'être jugés incompétents. Pour différentes raisons, le sentiment d'impuissance apparaît intolérable.

À mon avis, il se développe chez la personne malade, avec le temps, une sagesse que certains épargnés n'ont pas encore acquise. Une personne malade n'est pas complètement dépourvue de ses forces cognitives, psychiques ou spirituelles. Au contraire, plusieurs personnes relativement en bonne santé puisent leur énergie chez une autre plus vulnérable. L'apprentissage par l'humilité, la dignité, la qualité des liens et le don de soi est infini. Aucun endroit au monde autre que tout près d'un malade n'offre la possibilité de telles prises de conscience, de tels voyages intérieurs. Seules les expériences sommets vécues dans des pics de bonheur inattendu s'y apparentent. Nous sommes conviés à des voyages initiatiques où la croisée des chemins s'ouvre à l'infini et sur l'infini. Le paysage dans lequel chacun évolue permet de chérir la vie, le monde, l'homme, le tout-petit qui, à la toute fin de sa trajectoire, se fait géant. Ce sont bien souvent des tremblements d'âme qui n'osaient ou ne pouvaient se manifester durant la vie ordinaire. Pour atteindre une telle profondeur, les peurs font place au consentement, les paroles sont traduites en silences, les gestes en langage, les souvenirs en liens précieux, les derniers messages en objets sacrés.

Les forces intérieures ne peuvent être atteintes et se multiplier que par un travail acharné pour surmonter les pertes extérieures. Les peurs, les pertes et les peines mettent au jour un mal-être psychologique que le train-train quotidien avait jusque-là camouflé en hyperactivité ou en superficialité. La tranquillité qu'impose la maladie offre une occasion de répit, de réflexion et de partage, en temps et lieu, avec un entourage à l'écoute, sensibilisé à l'épreuve d'autrui.

La crainte qu'éprouve le malade de susciter la pitié dans son entourage est proportionnelle à la crainte de ne pas savoir comment se comporter que ressentent les amis et la famille. Il faut bien que quelqu'un brise la glace qui paralyse la relation, c'est-à-dire ose communiquer les malaises de part et d'autre. C'est la personne malade qui souvent parvient à guider le bien-portant : elle lui fera savoir comment l'aider sans l'envahir, comment l'accompagner tout en la respectant. Offrir son aide au malade ne signifie pas que l'on considère son état comme pitoyable ; c'est un élan de compassion, un geste spontané qui relève de bons sentiments.

11

À cause du cancer, mon corps change, mon image de moi en souffre, ça mine mon courage. Pouvez-vous m'aider ?

L'expérience de la maladie est une expérience de mutant : les transformations subies labourent et dépouillent le corps.
Gustave-Nicolas Fischer

Le corps, c'est notre carte d'identité. Nos premiers contacts avec les gens passent par le physique. Mais après quelques rencontres, d'autres modes relationnels s'installent ; on connaîtra mieux la personne qui s'était présentée et qui par la suite devient peut-être collègue, amie, conjointe, amoureuse ou confidente. Quand on cesse d'être un étranger pour autrui et qu'une relation plus familière, conviviale ou intime s'établit, on nous découvre et nous estime pour notre personnalité, nos qualités, nos talents, et quelquefois la relation s'approfondit.

Il peut arriver qu'une personne physiquement choyée nous laisse indifférents, ne corresponde pas à nos valeurs ou à nos critères, nous soit antipathique dès la première rencontre ou peu de temps après. Sa beauté physique ne réussira pas à nous captiver très longtemps. L'inverse est aussi vrai. Une personne qui, au premier abord, n'attire pas physiquement pourrait plaire et produire tout un effet autour d'elle à cause de son charme, de son charisme, de son intelligence émotionnelle ou cognitive, ou de sa personnalité. C'est ce qui constitue notre identité réelle.

Les hommes et les femmes peuvent être beaux à la fois extérieurement et intérieurement. C'est une chance. Mais la beauté dépasse de loin les premiers coups d'œil. Quiconque cherche l'amour, l'amitié, la fraternité et la sincérité jamais ne se laisse berner par ce que le physique seul renvoie. Nous avons tous déjà fait l'expérience d'une rencontre qui nous laisse indifférents au premier abord, mais qui tourne vite en un enrichissement. La personne dont la beauté nous enivrait peut éventuellement se révéler un emballage sans contenu, alors qu'une autre moins bien pourvue gagnera à se faire connaître.

Voir son propre corps changer, se détériorer, s'enlaidir ou perdre son élégance n'est pas une épreuve banale. Il y a la perception des autres et la sienne propre. C'est bien connu, on est plus indulgent pour les autres qu'envers soi-même. On juge sévèrement son physique, même si on qualifie son enveloppe de « couche superficielle ». Entrer dans sa propre peau ou se mettre dans la peau de l'autre permet de voir plus profond que l'épiderme. Le corps révèle si peu de soi ; lorsque la maladie le métamorphose, elle atteint le centre de l'être, son lieu épargné par la déchéance. Pendant que le corps déchoit, c'est le cœur de l'être qui reprend tous ses droits.

Certains cancers sont internes et invisibles, alors que d'autres modifient l'apparence physique. Une tumeur au visage, un membre amputé, une plaie ouverte, une trachéotomie, la perte de cheveux, la perte de poids, le ballonnement, le teint grisâtre ou jaunâtre, tous ces indices visuels peuvent attirer les regards, susciter l'inquiétude, provoquer la fuite, ou, au contraire, inspirer la tendresse. Chez la plupart des personnes malades, les yeux lancent un appel à l'ancrage dans les profondeurs pour éviter que l'apparence physique ne fasse obstacle à la rencontre. Si l'alliance se produit, elle se traduit en finesse de paroles et de sentiments et triomphe des premières réactions de recul.

Mais au-delà de la beauté intérieure, la beauté extérieure n'est pas insignifiante. Nombre de femmes atteintes du cancer du sein, par exemple, et qui souffrent beaucoup de voir leur corps modifié par les traitements, participent au programme « Belle et bien dans sa peau » et en retirent une grande satisfaction. La Société canadienne du cancer est associée à l'heureuse initiative « prendre soin de son corps pour garder le moral ». Il s'agit de séances de maquillage pour femmes recevant des traitements de chimiothérapie ou de radiothérapie. Des cosmétologues professionnelles donnent des conseils sur les soins de la peau, sur les prothèses capillaires et les coiffures adaptées à la perte temporaire des cheveux, en petits ateliers ou en séminaires. Ce programme gratuit pour toutes les femmes qui vivent avec le cancer est principalement offert dans les hôpitaux et dans les centres de cancérologie. Il permet de rencontrer d'autres femmes aux prises avec des changements corporels importants, de rompre la solitude et de panser les blessures du corps.

Côtoyer des personnes qui vivent une expérience semblable à la sienne redonne de l'énergie pour prendre soin de soi, pour dorloter son corps, pour le réinvestir par le moyen de nouvelles expériences comme le yoga, le taï chi, la danse, la marche en groupe ou toute autre forme d'expression corporelle, à la lumière de ses possibilités et de ses limites. On privilégie la sauvegarde d'un esprit sain dans son corps abîmé. Emma Dubreuil-Boisclair l'exprime ainsi : « J'ai maintenant 23 ans, diagnostiquée à 21 ans pour un cancer nommé rhabdo-myosarcome situé près de la mâchoire et dans les sinus ; ensuite, pour une récidive dans les poumons. Je suis étudiante à l'université en ostéopathie. Depuis, perte des cheveux, des cils, des sourcils ! Le peu de féminité restante s'en allait aussi. Bon, j'allais être laide pour un temps, le temps de pratiquer à exprimer ma beauté intérieure par mes yeux, mon sourire, la grâce de mes mouvements. Sagement, je décidai de prendre ça un cil à la fois et d'accepter l'importance que j'attribue à mon apparence, tout en ayant la résilience de composer avec ses transformations, son évolution[17]. »

L'insécurité que suscitent les modifications visibles du corps occulte parfois les changements qui s'opèrent beaucoup plus subtilement à l'intérieur. « Ce sont des expériences de passage, non seulement d'un état à un autre, mais de passage intérieur vers nous-même où se joue notre propre fondation, à partir d'autres repères, d'autres certitudes puisées au fond de notre âme et qui définissent ce que vivre signifie désormais pour nous[18]. »

[17] DUBREUIL-BOISCLAIR, Emma, *Cas de cancer échappant au radar. De jeunes adultes racontent leur histoire*, Montréal, édité par Cedars CanSupport, Centre Universitaire de santé McGill, 2010, p. 35.

[18] FISCHER, Gustave-Nicolas, *Le ressort invisible. Vivre l'extrême*, Paris, Seuil, 1994, p. 28.

12

Mon pronostic est incertain.
L'ordinaire de ma vie peut-il garder un sens,
alors que je ne sais pas où je m'en vais ?

La vie de tous les jours nous incite à élaborer des projets à court, à moyen et à long terme. Nous nous y engageons avec ferveur, avec joie ou encore avec le sens des responsabilités. La plupart d'entre nous jouissons, du moins pour un temps, d'une bonne santé, et cela nous aide à honorer nos choix, à accomplir notre programme et à réaliser nos rêves. C'est la meilleure attitude à adopter devant notre univers. Il ne servirait à rien de visualiser le pire, même si la représentation de différentes épreuves traverse à l'occasion un esprit naturellement tranquille. L'être humain sait bien que tout lui est prêté, à commencer par sa santé, cependant il l'oublie. Chacun réagit à sa façon devant le malheur ou la malchance qui tôt ou tard risque de nous intercepter. Ce n'est jamais le bon moment ni le bon âge quand la maladie attaque notre corps.

Donner un sens à notre présence et à notre manière d'être au monde ne s'accomplit pas selon une règle fixe ; le sens d'une vie fluctue, varie, oscille, stagne, bouge et change selon les aléas du quotidien. Ce qui avait du sens hier, ce qui s'appliquait à nos désirs ou à nos besoins peut du jour au lendemain ne plus convenir. Une réorganisation et une adaptation s'imposent spontanément ou graduellement, c'est selon. Épargné jusque-là par la maladie, chacun pouvait volontairement opter pour un changement, histoire de se lancer un nouveau défi ou d'explorer les potentiels en attente. Mais quand c'est la maladie qui force le changement, l'acceptation de la nouvelle voie peut tarder à venir.

Le libre choix aussi bien que le choix qui s'impose nous envoient un appel à modifier nos perceptions ; notre expérience quotidienne prend alors une tournure moins prévisible, plus déstabilisante, voire intrigante. Si l'anxiété que cela suscite au départ pouvait se transformer en curiosité, alors une ouverture personnelle donnerait accès à des espaces intérieurs peu fréquentés, mais possiblement riches de découvertes. L'impression de connaître la direction de notre destin s'efface avec l'arrivée d'une maladie menaçante : rien n'est permanent, tout peut basculer au cours de nos activités, mais aussi tout peut briller si nous investissons nos sentiments et si nous exprimons notre amour. Les problèmes de santé affectent notre condition physique, mais peuvent solidifier une manière de penser. La pensée positive cède la voie à une pensée plus réaliste et à une meilleure maîtrise non plus des situations, mais de soi. Cette vision modulée de soi et des autres agit comme une force psychique et compense l'affaiblissement physique sur lequel on a si peu d'emprise. « Autrement dit, la pensée réaliste incite à percevoir tous les aspects et conséquences possibles d'une situation, tous ses risques réels, tout en conservant l'espoir que le meilleur survienne. C'est ce que nous appellerons aussi de l'optimisme réaliste[19]. »

Quand le pronostic est pessimiste (c'est-à-dire quand il reste peu de temps à vivre), la maladie continue de faire des

---

[19] SAVARD, Josée, *Faire face au cancer avec la pensée réaliste*, Montréal, Flammarion, 2010, p. 10.

ravages, l'avenir demeure incertain ; reste alors la certitude que la vulnérabilité vaut aussi son pesant d'or et qu'elle nous rapproche les uns les autres. À l'heure où j'écris ces quelques réflexions, Joannie Rochette, la médaillée en patinage artistique, vient de perdre sa mère, qui était venue l'encourager aux Jeux olympiques d'hiver, à Vancouver, au Canada, en février 2010. Sa mère est décédée subitement sur place à un moment où la joie explosait entre les athlètes. Sa fille, qui s'est classée parmi les trois premières, a ébloui le monde par sa force, son courage, sa résilience, son sens des responsabilités et par le lien indestructible de confiance avec sa mère, qui l'a « élevée » jusqu'au sommet. Madame Rochette est morte sans pouvoir dire au revoir à son enfant, mais Joannie a foncé sur la glace, inspirée par celle qui l'avait soutenue jusqu'au bout. Elle a suscité un mouvement de sympathie collective et de solidarité.

La mort peut donc survenir à l'improviste, faire basculer le sens d'un engagement initial. Une vie sans pronostic menaçant n'est pas davantage à l'abri de ses limites. Ne pas voir sa mort arriver est à la fois une chance et une malchance. Les endeuillés restent perplexes quand on leur demande si c'est la mort prévue ou la mort inattendue qui leur semble préférable. Mourir brusquement met notre entourage en état de choc, alors que mourir à petit feu donne l'occasion à nos proches de s'y préparer. Mais il est aussi vrai que plusieurs personnes menacées par une maladie incurable parviennent difficilement à intégrer la dure réalité d'une mort annoncée, à croire en cette prévision, à s'y préparer à fond. À l'évidence, il est, pour la plupart des gens, insoutenable de se visualiser dans un état d'inertie ou d'inexistence. Il est beaucoup plus satisfaisant, intéressant et utile de vivre chaque moment le plus pleinement possible, malgré les hauts et les bas d'une santé instable, avec la conviction qu'une vie, même diminuée, a sa raison-d'être, même s'il faut pour cela la reformuler, la reconfigurer dans les paramètres de l'impermanence.

Certains philosophes affirment que la souffrance provient notamment de l'effort déployé pour donner un sens à une vie qui n'en a pas. Accepter qu'elle en soit dépourvue libèrerait l'être qui, autrement, resterait prisonnier d'une quête sans fin. C'est une façon de voir les choses. Toutefois, l'humain a cette faculté extraordinaire, voire exceptionnelle, de reconstruire par la parole ou par la pensée le sens qui a été démoli dans sa réalité. C'est le propre de l'espèce humaine de pouvoir s'élever au-dessus de ce qui lui arrive, d'étendre son regard sur un monde qui veillera à prolonger son histoire. Le sens d'une vie repose en partie sur l'inventivité (*fabriquer* un sens à sa vie), la créativité (créer sa raison de vivre), la spiritualité (connaître l'envers du corps, l'intériorité). Un grand malade subit une démolition extérieure mais peut se construire de l'intérieur. Ce sont des forces psychiques qui se développent à l'aide de stratégies variées comme la psychothérapie, la thérapie par l'art, l'écriture, la méditation ou par d'autres canaux de croissance adaptés au désir et au talent de chacun. Ceux qui sont plus à l'aise avec la logique et la raison s'adonneront à l'élaboration d'un nouveau mode de pensée.

Il en est ainsi pour l'ordinaire de la vie. Le sens s'invente et se réinvente au gré des événements. Vivre la quiétude à plein temps est un leurre ; tout demeure incertain, seul l'ancrage en nos profondeurs nous donne une prise sur nos projets, qui peuvent néanmoins échouer. Mais l'échec d'un projet ne doit pas être compris comme un échec personnel. Tout peut échouer, sauf le Moi profond, la partie intacte qui traverse et transcende le quotidien le mieux possible jusqu'à la fin.

II

LES PROCHES DU MALADE

13

Comment les familles composent-elles avec la menace de perdre un proche ?

Pour la plupart des familles, la perspective de perdre un proche est très difficile à accepter, à vivre et à gérer. Autant un malade met du temps à intégrer la nouvelle d'un pronostic sévère, autant ses proches passent par une gamme d'émotions qui varient entre : « Non, ne meurs pas, j'ai besoin de toi » et : « Il va bien falloir un jour ou l'autre que je m'incline devant ton départ. »

La menace de perdre un proche ressemble à une alerte météorologique. On réagit en y croyant plus ou moins, jusqu'à ce que la vague la plus haute déferle sans crier gare. Il faut parfois être pris au piège de la réalité pour chercher à se sortir de l'impasse. « S'amorce avec la personne malade un voyage dont nul ne connaît la durée, ni la destination, ni les étapes, ni les détours, ni les risques [20]. »

La réaction à une perte imminente varie en fonction de notre style d'attachement ; en effet, dès la petite enfance, chacun développe un style d'attachement qui lui est propre. Les parents qui remplissent de leur mieux leur rôle exigeant

---

[20] QUENNEVILLE, Yves et Natasha DUFOUR, *Vivre avec un proche gravement malade*, Montréal, Bayard, 2008, p. 25.

ne peuvent garantir que l'équilibre familial sera sans faille. Si l'anxiété domine le milieu familial, il est difficile à l'enfant de ne pas reproduire ce modèle. Au contraire, si c'est le calme qui règne, les enfants pourront en tirer avantage à des moments décisifs de leur vie. Les modèles appris sont des empreintes indélébiles. Dans les meilleures conditions, la compétence psychologique des parents donne une chance extraordinaire au développement affectif de leur progéniture. Cette sécurité de base contribuera en bonne partie à la manière dont les enfants entreront en relation avec les autres, elle les aidera à s'engager pleinement et à se détacher avec sérénité le moment venu.

Les cinq premières années de la vie de l'enfant sont particulièrement déterminantes pour sa sécurité affective. Mais on ne peut minimiser le pouvoir qu'ont des figures adultes autres que celles de ses parents d'influencer le cours de son destin. Les influences exercées par les adultes sur les enfants font la différence entre la découverte de l'amour et de l'estime de soi, par exemple à travers un regard bienveillant, et, au contraire, la mésestime de soi. Cette dernière est souvent le fruit de violences infligées par des adultes incompétents ou malveillants.

La qualité de nos expériences relationnelles précoces influence indubitablement notre rapport à l'attachement, au détachement, à la perte et aux deuils. Qu'allons-nous perdre avec la mort d'un père, d'une mère, d'un amoureux, d'un enfant, d'un ami ? Surtout, que représente à nos yeux la personne qui va bientôt mourir ? Sa présence a-t-elle été salvatrice ou dévastatrice ? La perspective de perdre un proche annonce-t-elle une délivrance ou une affliction ? Certaines personnes comptent sur la mort d'un proche pour se délivrer d'une impasse relationnelle jamais surmontée au cours de leur vie. Ce type de relations mitigées crée une ambivalence : devant la perte imminente, il y a d'un côté un sentiment de libération et de l'autre un sentiment de culpabilité. Si l'amour ou le respect ont fait défaut, la quête inassouvie et le désir insatiable d'être aimé ou d'aimer perdurent au-delà de la mort d'un proche et orientent souvent la trajectoire de l'endeuillé.

Ainsi, notre style d'attachement, notre mode d'expression ou de répression affective dominent notre façon de composer avec la perte en général. Seules des rencontres signifiantes et des expériences structurantes pourront la modifier. Le deuil anticipé nous fournit donc l'occasion de souligner et de sceller l'amour reçu ou, au contraire, il risque d'agrandir le vide qu'entraîne la mort d'un proche demeuré prisonnier de conflits non réglés. Le psychologue peut aider la personne anxieuse devant la perte d'un proche à bien saisir les enjeux en cause et à dépasser son vécu par une attitude rassérénée, apaisée.

La menace de perdre un proche peut être saisie comme une dernière chance : celle de libérer les tensions relationnelles et de parler de ce qui nous tient à cœur. Les retrouvailles à la fin de la vie ne sont pas rares. Chacun se découvre mieux disposé à prendre le risque de parler, un moment crucial qui aide *in extremis* à écouter et à se démontrer mutuellement l'amour jusque-là retenu. Les barrières tombent. Il est possible aussi que la menace de perdre un proche renforce le déni, provoque l'éloignement ou porte au mutisme. Repousser le moment de la rencontre risque alors d'occasionner des regrets. Si tel était le cas, il arrive aussi que tout ce qui n'a pu se résoudre avant la mort soit repensé et senti différemment par la suite. Par exemple, ce qui n'a pu être surmonté à deux avant le décès d'un proche pourra à plus long terme se résorber dans le cœur du survivant. Une lettre rédigée à l'intention du défunt peut aider à dénouer ce qui est resté en suspens. Lire ce genre de témoignage à un aidant sensibilisé au deuil donne le sentiment d'être enfin entendu dans son chagrin ou dans sa déception. D'autres chercheront à déposer la dernière lettre près de l'urne ou dans un lieu symbolique. Ce sont des rituels réparateurs d'une relation qui n'a pu s'épanouir alors que le défunt était encore vivant.

Apprendre que nous allons perdre un être important pour nous suscite généralement du désarroi. Nous pouvons facilement admettre en théorie que la maladie, la perte, la mort et le deuil existent. Nous le savons de façon rationnelle, mais ça ne descend pas tout de suite au niveau émotionnel. Quand le concept s'inscrit dans la réalité, notre première réaction est de penser que la médecine s'est trompée ou que notre proche va se dépasser et en étonner plus d'un. Il n'est vraiment pas possible de regarder trop longtemps la mort en face, même de loin. Elle réfléchit comme un soleil éblouissant qui nous aveugle. Nous ne voyons plus rien devant nous et nous cherchons l'ombre pour lénifier notre brûlure.

Le temps que l'on prend pour se préparer à la perte peut être vécu comme un temps privilégié ou une chance immense, celle de se dire au revoir et merci. Inversement, certains vivent cette étape comme une torture inutile ; ils démissionnent avant le grand départ. Ils coupent le contact. Ils proclament ne pouvoir faire autrement, la souffrance morale leur étant insoutenable. Dans les services de soins palliatifs, les soignants tentent d'ériger un pont entre les rives qui séparent le mourant et le survivant. Impossible de faire l'économie de la souffrance dans des moments aussi prenants. Il faut juste savoir que la douleur associée à la perte appréhendée diminuera en intensité, le temps d'apprivoiser le manque, de retrouver les forces cachées au fond de soi.

Le manque est synonyme d'une quête d'amour ; il est ravivé par la menace de perdre un proche, comme l'exprime si justement Christian Bobin : « On peut donner bien des choses à ceux que l'on aime. Des paroles, un repos, du plaisir. Tu m'as donné le plus précieux de tout : le manque... même quand je te voyais, tu me manquais encore... C'est le trésor que tu me laisses : manque, faille, déchirure et joie. Un tel trésor est inépuisable. Il devrait me suffire pour aller de *maintenant en maintenant* jusqu'à l'heure de ma mort[21]. »

---

[21] BOBIN, Christian, *La plus que vive*, Paris, Gallimard, 1996, p. 94-95.

14

Au fil du temps, vivre avec un malade devient difficile ; peut-on en sortir intact ?

La maladie affecte souvent l'humeur du malade. Il devient irritable, il réagit avec impulsivité, il se plaint, il perd son autonomie, il s'agite au moindre stress, il souffre, il attend beaucoup de son entourage. Parfois, c'est tout le contraire. Il se replie sur lui-même, ne partage pas ses états d'âme, s'éloigne de ce qui autrefois l'animait, se retranche dans le silence, dort beaucoup ou devient inaccessible ; il refuse ce qui lui arrive ou refuse d'en parler avec ses proches. L'attitude du malade oscille constamment, son état est instable, l'incertitude lui pèse et il essaie de surmonter les irritants de toutes les manières possibles, par essais, des erreurs, ou des remises en question qui le poussent à envisager d'autres stratégies.

L'attitude que les proches tentent d'adopter n'est donc ni standard ni arrêtée ; elle se module au fur et à mesure de l'évolution de la maladie et des réactions du malade. Le proche accompagne tant bien que mal, dans ses hauts et ses bas, la personne fragilisée par ses problèmes de santé. Cela exige la volonté de s'engager, une bonne dose d'énergie et suffisamment d'amour pour accepter la métamorphose du parent, de l'enfant ou de la conjointe avec qui l'on partage sa vie. « Ce qui importe, ce n'est pas tant la sorte de maladie qu'a une personne, mais la sorte de personne qui a cette maladie[22]. »

Certaines personnes sont plus douées que d'autres pour prendre soin d'un proche malade. Le moment où survient l'épreuve peut influencer la disponibilité à l'autre. La personne concernée est-elle déjà affectée à d'autres responsabilités familiales ou sociales ? Est-elle engagée dans une mission d'aide à l'extérieur, a-t-elle la responsabilité du gagne-pain familial ? A-t-elle la santé physique et psychologique pour entreprendre un accompagnement assidu et complexe ? Pourra-t-elle facilement s'entourer des ressources nécessaires pour se ménager des temps de relais et de répit ? Se sent-elle obligée de s'investir dans un engagement accaparant au risque de sacrifier ses activités et sa propre santé ?

Il n'est pas donné à tout le monde, même aux plus aimants et aux plus aimables, de prendre soin d'un proche qui se dégrade physiquement. Parfois, c'est la peur que la relation se brouille ou la peur de commettre une bévue qui fait obstacle, ou encore la peur d'administrer des soins et des traitements pour lesquels on n'a reçu ni l'information, ni la formation, ni l'aide nécessaires. De plus, certaines personnes n'ont tout simplement pas cette propension à aider ou à soigner. Il est étonnant de constater à quel point les membres d'une famille sont sollicités pour soigner un des leurs, alors que les installations médicales et la formation personnelle ne sont ni adéquates ni adaptées, ou encore ne

---

[22] Voyer, Jacques, *Que Freud me pardonne, Récit autobiographique*, Montréal, Libre Expression, 2002, p. 117.

sont pas applicables à domicile. Le proche se lance alors dans une aventure qui risque de l'épuiser, de le décevoir, de le contraindre ou de l'accabler.

Certains proches possèdent déjà une formation ou des talents de soignant, d'autres développent leurs habiletés en allant au-devant de la nouvelle expérience. La santé d'un proche aidant pèse dans la balance, car il se peut que certains ne ressentent ni la force physique ni la force morale de modifier leurs habitudes de vie, leurs engagements existants ou leurs projets à court terme. La peur d'être jugé lance tout un défi à la personne qui ne peut offrir une présence soutenue, par exemple, à un parent malade. D'autres, à leur grand étonnement, sont soudainement mus par le goût de donner du temps, de la présence, des services et de l'écoute à un proche malade, et ils trouvent l'énergie nécessaire pour le faire.

La tâche est prenante, parfois excessive. Personne ne connaît d'avance la tournure que prendront les événements. Les promesses initiales seront revues à la lumière des nouvelles données. Au moins deux voies attendent le proche aidant ou l'aidant dit naturel à la sortie d'une expérience d'accompagnement. Il souffre généralement d'une grande fatigue due aux tâches cumulées et aux soucis engendrés par la maladie, mais il peut aussi ressentir une délivrance au terme de son service. La perte de l'être cher ou son hospitalisation terminale ajoute aux bouleversements. Par ailleurs, le proche aidant peut éprouver de la fierté devant sa loyauté envers un être qui demeure précieux. Somme toute, nul ne sort inchangé d'une expérience qui au départ était imprévisible et dont les aboutissements ont pu perturber l'équilibre familial. Quand la vie du malade n'est pas immédiatement menacée, le proche aidant recouvre assez tôt la santé qui lui a été momentanément confisquée ; il en est autrement pour le proche qui accompagne le malade depuis des mois, parfois des années... et qui doit faire face à l'issue fatale.

La santé des aidants demeure précaire, même chez les personnes reconnues solides et précautionneuses. Nous ne connaissons pas le jour où elle nous fera défaut. L'idéal est assurément de prendre soin de nous tout en veillant sur l'autre. L'équilibre n'est pas un acquis, c'est un travail incessant. Ce qui est trop pour l'un représente peu pour l'autre, le risque étant d'outrepasser ses propres limites. Malheureusement, la plupart des gens ne peuvent prévoir ou prédire ni leur force ni leur seuil. Seule l'expérience nous les fait découvrir et ramène chacun à sa propre résistance. La tolérance à l'inconnu, à la souffrance, aux sentiments d'impuissance et de culpabilité servira à mesurer les risques personnels. « Nous avons tous des besoins. Et même si vous êtes dans le rôle d'aidant, vos besoins n'ont pas changé. Ce qui est en cause ici est la durabilité de l'aide que vous pourrez apporter[23]. »

Plusieurs rapportent que l'expérience d'accompagnement les a rapprochés de la vie et sensibilisés à la souffrance d'autrui. Ils parlent d'une impitoyable lucidité sur ce qui avait été masqué ou banalisé dans le passé. Cet éveil à la solidarité, au partage et à l'expression de l'amour agit comme une bouée dans les moments de déroute. C'est un point d'ancrage pour remonter la pente. Comme un bâton de pèlerin, il représente un appui contre de futurs obstacles. Car l'épreuve met l'homme en route, le pousse dans le dos,

---

[23] Quenneville, Yves, et Natasha Dufour, *Vivre avec un proche gravement malade*, p. 38.

l'incite à dénouer des impasses et à se dépasser. Or, même s'il n'est pas tout à fait intact au sortir d'une intempérie, il aura découvert et mesuré en lui des forces inouïes. La descente en soi permet une remontée parfois spectaculaire, donne de l'amplitude à la maturation personnelle. La richesse de notre vécu se reconnaît à ses fruits ultérieurs : une nouvelle perception de soi et du monde. L'expérience, même la plus difficile, peut être convertie en une histoire prodigieuse quand l'épreuve devient vie.

15

Mon conjoint ne veut pas parler de la mort ; il dit des choses banales. Comment l'amener à être plus profond ?

La plupart des gens, menacés ou non, n'abordent pas facilement le sujet de la mort. Le déni de la mort est un phénomène répandu en Occident. C'est la peur de souffrir et de mourir qui nous empêche d'y faire face, même en pensée. Certaines personnes refusent carrément d'y faire allusion ou se disent incapables d'exprimer ce qu'elles ressentent en l'évoquant. Ou elles chassent systématiquement toute représentation de la mort, ou elles la banalisent par des propos sarcastiques. Le cynisme ou l'humour caustique sont des mécanismes de défense qui cachent la crainte d'être anéanti, de ne plus exister.

L'épreuve n'entraîne pas toujours un changement positif. À part certaines habitudes de vie qui seront modifiées, l'être humain ne sautera pas forcément sur l'occasion pour croître en profondeur. Quelques-uns deviennent beaucoup plus amers ou aigris, car ils vivent la perspective d'une mort annoncée comme un assaut contre leur intégrité, une erreur sur la personne, une trahison de la vie, une ironie du sort. Maugréer à mi-voix compte parmi les astuces que l'on déploie pour minimiser sa situation, mobiliser l'attention ou neutraliser les questions. Autre tactique : la personne menacée donne préséance à la légèreté, persuadée que poursuivre la route comme si de rien n'était demeure une formule gagnante. La profondeur, la réflexion, la tendresse ou la vulnérabilité sont généralement associées à un esprit inquiet, soucieux ou massivement envahi par une maladie à issue fatale. Le déni de ses soucis passe par la banalisation de sa situation.

Qu'il s'agisse de sa propre mort ou de la mort d'un proche, l'incrédulité prédomine pendant un temps variable. « Le psychisme ne peut se représenter sa propre mort, mais seulement celle d'autrui[24]. » Le mourant ne croira vraiment en sa finitude qu'au moment où il poussera un dernier souffle, car vivre c'est pouvoir respirer. C'est la mort de l'autre qui nous frappe quand nous faisons de l'accompagnement.

Le chemin de fin de vie demeure chaotique, escarpé, rempli d'embuscades, épuisant. Je me souviens d'une femme qui, à l'annonce de sa mort certaine et prochaine, avait décidé de faire fi des opinions scientifiques. Elle avait opté pour la liberté de penser autrement ; elle était convaincue que le jeûne suivi d'une diète particulière allait la sortir de là. Elle adorait les voyages, la désinvolture, le rire et l'ordinaire de la vie. À un moment, elle a senti un tel regain d'énergie qu'elle a cru en une supercherie médicale. Elle a consulté un charlatan qui lui a fait miroiter des chances élevées de survie. Elle s'est psychologiquement allégée et a cessé de parler de la perspective de la mort. « Je veux regagner la vie d'antan et ne plus subir la dégradation de mon état. »

---

[24] FISCHER, Gustave-Nicolas, *Le ressort invisible. Vivre l'extrême*, p. 84.

On l'avait privée du plaisir de boire et de manger, puisque son alimentation consistait maintenant en granules dits naturels. Elle a dépensé des sommes considérables pour entendre certaines personnes lui affirmer qu'elle allait s'en sortir. Elle y a cru mordicus, elle a fui la mort comme la peste, elle s'est jetée corps et âme dans une discipline sévère qu'elle a appliquée jusqu'à la fin. Sa défaite l'a conduite aux urgences jusqu'à sa mort. Aucune personne ayant de l'influence sur elle n'avait pu la libérer du déni, synonyme de son désespoir terminal. Le charlatan l'avait bernée.

Le refus de la profondeur peut donc être un refus de la réalité. On ne sait pas toujours comment les personnes vont réagir devant leur situation. Nul ne peut le dire d'avance. Pour bon nombre, le franchissement des étapes mène à l'acceptation et à la sérénité, mais pour d'autres, tel n'est pas le cas. Ils auront du mal à composer avec la maladie grave ou auront honte d'en parler. Ils n'arriveront pas, malgré le soutien de leur entourage et du personnel spécialisé, à surmonter le choc d'une vie menacée. Plutôt que d'éveiller leur conscience au processus de mourir, certains préfèrent ne pas affronter l'inéluctable. Ce n'est pas forcément un échec, c'est une façon de survivre. Cela pourrait aussi nous arriver. Nous ne pouvons imposer à un proche une manière idéale ou idéalisée de vivre son épreuve ; tôt ou tard, elle se manifestera ou s'imposera à lui, à son rythme et à la mesure de sa disponibilité. Il s'agit pour la personne qui l'accompagne de rester aux aguets et d'oser aborder le sujet à la moindre ouverture.

La mort, particulièrement pour les bien-portants, est un sujet tabou. Lorsqu'un ami est touché par le cancer ou par une autre maladie débilitante, sa situation crée un malaise autour de lui et détourne les conversations dans un vide émotionnel ou dans une absence d'intimité. On remplit les silences par des rires inappropriés ou par des anecdotes dépourvues d'intérêt. Nous avons tous vécu des pertes de temps ou entretenu des moments mal exploités, au détriment de rapprochements affectifs. Le sentiment d'impuissance explique souvent une telle maladresse. Mais peu à peu, on osera briser la glace, s'avancer sur la pointe des pieds et donner une nouvelle orientation aux échanges.

Il faut garder confiance en l'autre tout en lui communiquant notre malaise. Il faut ouvrir une porte, développer une patience dépourvue d'attentes, agrandir sa faculté d'indulgence et espérer que le meilleur naisse d'une situation qui semble à prime abord insurmontable. Souvent, ceux qui nous sont chers et que nous prétendons connaître nous dévoilent tardivement une part inconnue de leur être. Soyons prêts, car le virage de la pensée ou un changement d'attitude peuvent s'effectuer à tout moment.

16

Mon enfant souffre d'un cancer ; sa survie est incertaine ; s'il meurt, je sais que je ne m'en sortirai pas. Comment faire ?

Se préparer au pire et ne jamais désespérer : incroyable paradoxe qui durera tout au long des traitements qui seront administrés à votre enfant alors que vous l'accompagnerez avec bienveillance. J'ai eu peu de contacts avec des enfants malades, mais à plusieurs reprises j'ai rencontré les parents, soit au cours de la maladie de leur enfant, soit après une période de rémission, soit au moment de la perte de leur enfant. J'ai aussi eu la chance d'écouter des adultes qui sont aujourd'hui « des enfants guéris ». Quoi qu'il advienne, ce qui compte, c'est de composer avec l'inconnu tout en s'investissant à fond dans la relation avec son enfant. Vivre pleinement chaque instant devient le leitmotiv du parent qui accompagne son enfant malade.

Ce qui me fascine chez la plupart des enfants éprouvés, c'est leur faculté de porter la souffrance sans renoncer au jeu, au rire ou à une nouvelle aventure. Ce passage d'un état à un autre en un éclair les différencie des adultes. Ils sont encore si près des rêves, de la magie, des contes, de l'imaginaire qu'ils sont parfois mieux outillés que les grandes personnes pour faire face à ce qui leur arrive sans trop se soucier de ce qui les attend. Je les ai vus réconforter leurs parents et leur donner du courage en étant raisonnables, combatifs, conciliants et dociles. Je les ai vus également tristes, en retrait, pensifs ou agités. Puis j'ai connu Oscar, un enfant de 10 ans touché par le cancer, grâce à qui j'ai pu changer ma notion du temps compté contre un pendule fantasmagorique.

Le livre *Oscar et la dame rose* nous offre une légende extraordinaire qui nous permet de prolonger les jours en mois et les mois en années :

« – Quel jour sommes-nous ? demande Oscar. La dame rose répond : – Dans mon pays, Oscar, il y a une légende qui prétend que, durant les douze derniers jours de l'an, on peut deviner le temps qu'il fera dans les douze mois de l'année à venir. Il suffit d'observer chaque journée pour avoir, en miniature, le tableau du mois. Le 19 décembre représente le mois de janvier, le 20 décembre le mois de février, etc., jusqu'au 31 décembre, qui préfigure le mois de décembre suivant. – C'est vrai ? dit Oscar. – C'est une légende. La légende des douze jours divinatoires. Je voudrais qu'on y joue, toi et moi. Enfin, surtout toi. À partir d'aujourd'hui, tu observeras chaque jour en te disant que ce jour compte pour dix ans. – Dix ans ? – Oui. Un jour : dix ans. – Alors, dans douze jours, j'aurai cent trente ans ! – Oui. Tu te rends compte[25] ? »

Ce brin de fantaisie au milieu de la tragédie nous branche sur un art de vivre les événements autrement que dans leur seule réalité concrète. Ce n'est pas le déni de la

---

[25] SCHMITT, Éric-Emmanuel, *Oscar et la dame rose*, Paris, Albin Michel, 2002, p. 37-38.

réalité, c'est plutôt l'art de la transcender, ne serait-ce que momentanément.

L'émerveillement côtoie le tourment, et leur alternance s'installe dans la dyade parent-enfant confrontée aux affres de la maladie. Peu importe leur âge, les enfants malades produisent un effet-choc sur l'entourage et sur les soignants. Sauver un enfant, voilà l'objectif le plus pressant de la médecine, qui tente sans relâche de guérir le cancer ou tout autre type de maladie. Libérer l'enfant de ses douleurs et le soulager de ses inquiétudes fait partie des efforts les plus soutenus d'une équipe soignante. Les parents complètent cette chaîne humaine aux mailles tricotées serrées. Voir un enfant souffrir nous heurte jusqu'aux entrailles. Le courage des petits tire les larmes des grands. N'allez surtout pas croire que vous ne vous en sortirez pas, même si votre chagrin pèse lourd et même s'il perdure. Vous avez donné la vie à votre enfant, même si vous saviez que sa vie finirait un jour. Une vie même trop courte n'est pas vaine.

J'ai connu un autre enfant grâce à son père qui a écrit à son sujet. Michaël avait 12 ans lorsqu'il est décédé d'une maladie neuromusculaire dégénérative. Dans son message posthume, Richard Cummings écrit ceci à son fils : « Tout ce que j'ai appris avec toi me permet maintenant de vivre sans toi[26]. » Au cours de sa maladie, Michaël avait amorcé une aquarelle, gratté une cithare, rencontré Mickey Mouse à Disney World, visité le Jardin botanique de Montréal ; puis, il a écrit une lettre dix jours avant sa mort. On la retrouve dans le livre *Michaël, mon fils*.

---

[26] CUMMINGS, Richard, *Michaël, mon fils*, Montréal, Éditions de l'Homme, 2009, p. 128-129.

Le rire d'un enfant ne s'éteint jamais. Il retentit dans la poitrine des adultes marqués par son passage. Les enfants malades ont la sagesse des aînés bien-portants. À leur manière, ils sont prophétiques, ils inspirent les adultes à bâtir un monde meilleur. C'est ce que le petit Michaël nous laisse en héritage : un livre racontant son histoire grâce à l'initiative de son père. Les forces de l'enfant se sont décuplées dans son entourage immédiat, qui s'est ensuite chargé de les transmettre à d'autres parents vivant une épreuve similaire. Comment ferions-nous pour nous relever d'un malheur, si personne ne partageait notre désarroi, notre quête de sens, nos apprentissages ? La force de l'un provient de l'histoire de l'autre, et cette somme de connaissances et de reconnaissance nous convainc que l'être blessé pourra malgré tout se relever du séisme affectif qu'il subit et poursuivre sa route avec le portrait d'un enfant pressé contre son cœur.

Si votre enfant meurt, son passage sur terre, même bref, aura engendré en chacun de vous une réflexion profonde. C'est lui qui vous a insufflé cette question, « comment faire ? », que désormais nous porterons avec vous. Peut-être votre enfant vous demande-t-il d'honorer sa courte vie en protégeant la vôtre ?

17

Depuis la maladie de mon père et la mort qui le guette, je ne m'attache à personne afin de mieux me protéger de la perte. Cette attitude est-elle saine ?

Cette attitude vous priverait de ce qui compte le plus chez l'être humain : aimer. Sans cette faculté extraordinaire, et malgré le chagrin qu'elle suscite à certains moments, la vie aurait si peu de sens. Nous sommes avant tout des êtres de relation. L'amour peut prendre plusieurs formes, à commencer par les sentiments que l'enfant développe très tôt envers son père ou sa mère, eux qui veillent à sa sécurité et à l'émancipation de son affectivité. Attaché au socle parental, l'enfant découvre et développe son pouvoir immense d'aimer. Cet élan naturel s'installe en se calquant sur le premier modèle affectif perçu par l'enfant – celui de ses parents – et se développe bon gré, mal gré, tout au long de l'existence.

L'attachement et le détachement sont parents, puisque l'abandon de soi dans les bras de l'autre permet de ne pas provoquer le rejet par crainte de le subir. La rupture d'un lien important ou le choc causé par la séparation peut entraîner une période de grand chagrin et de démotivation, mais cette épreuve n'élimine en rien la capacité latente d'aimer. Quand la vie se retire de celui qui nous tient à cœur, elle se manifeste à nouveau entre soi et les autres, le temps de guérir le manque.

Votre père est forcé de renoncer à sa santé, à ses proches, à ses projets, à sa vie. Il doit larguer les amarres et lâcher ce monde le plus sereinement possible. L'heure est importante ; il cherchera en vous la force de vous quitter. C'est ce que nous avons de plus grand à offrir à un être cher : lui faciliter le passage. C'est dur de mourir, mais le départ sera moins déchirant s'il reçoit une confirmation affective au moment de son dernier souffle. Se soustraire à la vie exige un courage qui ne peut pas ne venir que de soi : il est le fruit de l'amour reçu, intégré et répété par les dernières caresses sur la peau du mourant.

S'attacher, perdre et s'investir à nouveau, c'est le propre de toute une vie. Il est impossible d'échapper à la perte, même en tâchant de ne plus aimer. Le plus souvent, l'amour se manifeste sans prévenir. Je me souviens de cette femme qui croyait fermement ne plus pouvoir aimer à la suite de la mort de son conjoint. Elle portait obstinément son alliance, ce qui la maintenait liée au père de ses deux enfants. Six mois après la perte de son mari, cherchant de la lecture sur le deuil, elle a demandé conseil à un libraire. Contre toute attente, elle fut frappée par un véritable coup de foudre à ce moment précis. C'était plus fort qu'elle, plus fort que tout. Elle a ultérieurement confié son sentiment amoureux à son libraire et m'a dit par la suite et avec timidité : « Jamais je n'aurais cru qu'une chose pareille pouvait encore m'arriver. J'étais pourtant fermée à toute rencontre, je suis dépassée. Mon cœur est indécent, il aime encore. »

L'amour que chacun reçoit et donne est unique. Aimer magnifie la vie. Des périodes de latence, stagnantes ou vides peuvent aussi survenir entre les ruptures, les séparations volontaires ou imposées, et elles donnent l'impression que l'on doit s'y faire, s'y résigner, alors que tout bouge, même sous les apparences d'une vie figée. Une disponibilité intérieure et tranquille est beaucoup plus satisfaisante qu'une attitude tendue et fermée. Si un parent peut aimer plus d'un enfant à la fois, à son tour son enfant pourra aimer plus d'un adulte aux différents âges de la vie.

Le pire serait de n'avoir jamais aimé. Perdre un être cher en vaut à ce point le coût, car le souvenir prévaut sur le manque. Nous sommes des êtres de transmission, et il importe de s'attacher à ceux et celles qui ont marqué ou transformé notre vie. Que serions-nous devenus sans l'apport de ces personnes de valeur dans notre vie ? Laisser partir un proche exige une bonne dose d'amour ; il en est de même quand il s'agit d'investir à nouveau nos sentiments vers des êtres qui nous élèvent, nous aiment et nous apprennent la vie. L'art d'aimer se développe grâce à des personnes inspirantes, car en effet, personne n'a de place pour des rencontres sans importance après une perte majeure.

Il importe tout autant de se retrouver seul et en silence, afin de bien vivre l'accompagnement et d'apprivoiser la perte. Chaque instant compte au présent, l'avenir étant trop difficile à prévoir. L'état de deuil impose momentanément un besoin de solitude et de distance, le temps de panser la blessure causée par la perte. Le recul et le repli ne sont pas des attitudes forcément malsaines lorsqu'elles s'inscrivent dans une étape passagère. Pour le moment, il vous semble nécessaire de mobiliser votre amour, votre gratitude et vos services autour de votre père, celui-là même qui vous a insufflé la capacité d'aimer. « On peut dire que c'est l'amour qui se célèbre dans le mémorial, l'amour qui sait faire parler les choses du passé au présent[27]. »

---

[27] BALESTRO, Piero, *Parler l'amour. La thérapie des tendresses*, Montréal, Médiaspaul, 1995, p. 56.

18

Comment tenir la promesse d'accompagner jusqu'à la fin un proche malade ?

Une promesse découle généralement de bons sentiments. La volonté et le désir d'accompagner et de soutenir jusqu'à sa mort un proche malade sont un élan naturel, une réaction spontanée qui ne tient pas compte de l'évolution de la situation. La promesse est donc prononcée à partir de ce qui est, mais elle est soumise aux aléas de ce qui adviendra. La promesse est avant tout scellée dans un cri du cœur, elle s'exprime par un contrat tacite de présence assidue et s'inscrit dans la prise de conscience du temps qui se raccourcit ou qui parfois se prolonge. L'engagement vise à ne jamais abandonner l'être aimé et à respecter ses volontés. Parfois, une promesse se conclut entre deux bien-portants avant que ne survienne une maladie menaçante chez l'un ou chez l'autre, mais elle peut aussi s'établir entre un parent mourant et un enfant bienveillant, désireux de l'assurer de son soutien. Il s'agit souvent de promesses faites longtemps d'avance, sans que les protagonistes aient la moindre notion de ce que sera l'avenir. « La force et la valeur du soin tiennent dans la formulation d'une promesse : se focaliser moins sur la mort à venir que sur les conditions de la vie – fût-elle ténue et incertaine – qui la précède toujours[28]. »

Du côté du grand malade, le souhait le plus souvent exprimé est certainement celui de mourir à la maison plutôt que dans un endroit aussi neutre et impersonnel que l'hôpital. Le proche s'engage alors à organiser l'environnement de façon à ce que le malade reçoive les services requis à domicile. Pendant un certain temps, les soins s'avèrent raisonnables, c'est-à-dire qu'ils ne requièrent pas d'apports techniques sophistiqués ou de prescriptions médicales complexes. Aussi, surtout dans les premiers temps de la maladie, l'entraide entre les proches semble une solution efficace grâce à la générosité et à la disponibilité offertes ou sollicitées. Cependant, avec le temps, la maladie peut se compliquer et les besoins du malade et de ses proches risquent d'augmenter. « Comment tenir quand le ciel est si bas et l'aube incertaine[29] ? »

La perspective de ne pouvoir tenir sa promesse à long terme, à cause de la multiplication des tâches ou de la lourdeur de la situation, entraîne forcément un malaise familial qui se traduit souvent par un manque de communication ou un évitement relationnel. S'esquiver, réduire ses services, cacher son désarroi, tout cela dresse un barrage entre l'élan initial et la nécessité de le réviser. La promesse est sacrée ; elle signe la fidélité de notre parole à quelqu'un d'important pour nous, à une personne que nous rejoignons au présent, dans un contexte connu, et qui nous aide à prêter serment.

---

[28] HIRSCH, Emmanuel, « Les nouveaux temps de la mort », dans Collectif, *Le grand livre de la mort à l'usage des vivants*, Paris, Albin Michel, 2007, p. 83-90.

[29] RINGLET, Gabriel, *Ceci est ton corps. Journal d'un dénuement*, Paris, Albin Michel, 2008, p. 97.

Mais la forme que prendra sa réalisation ne peut pas être parfaitement définie au départ. La dégradation de l'état du malade, sa perte d'autonomie, l'ajout de soins qu'imposent la maladie et les imprévus concourent à l'évanescence de la promesse. Le sentiment de culpabilité qui s'ensuit est vécu comme un drame ou un manquement que l'on se pardonnera difficilement.

Ce qui est en cause, c'est qu'on a surestimé ses forces physiques et psychiques pour compenser le déclin d'une personne chère. Autrement dit, dans ce genre d'aventure, qui sait à quoi s'attendre ? Entre les scénarios élaborés et la réalité qui se dessine au fur et à mesure, l'écart s'avère parfois immense. L'énergie du bien-portant risque de s'amoindrir ou de s'affadir en cours de route. Le proche aidant éprouve des émotions qui le dépossèdent de l'enthousiasme avec lequel il avait promis de s'engager pleinement. La maladie de l'un affecte inévitablement la santé de l'autre. Comment dire à notre proche déjà éprouvé que l'aggravation de son état, la prolongation du temps de ses traitements ou de ses soins de confort sont la cause de notre propre épuisement ? Dire non après avoir dit oui n'est pas une sinécure. Il faut faire marche arrière, expliquer le pourquoi de son retrait, surtout offrir des alternatives. Dire les choses comme elles sont, malgré le grand malaise que cela suscite, est plus efficace que de les trafiquer contre de faux motifs. Les personnes malades ont la sensibilité à fleur de peau et ressentent la moindre contrariété. Il vaut mieux les éclairer que de les emberlificoter. C'est pourquoi l'explication s'avère fondamentale pour le malade à qui la promesse initiale d'assurer une présence indéfectible avait été faite avec de bonnes intentions et de bons sentiments. Le droit à la vérité invite chacun à revoir la formule, à rétablir le contrat de présence assidue dorénavant relayée par un autre membre de sa famille, par un professionnel de la santé ou par une autre forme d'aide. La communication apaisera tout le monde, elle permettra de surmonter la déception de l'un et le sentiment de culpabilité de l'autre.

Dans l'accompagnement, les choses se passent rarement comme on les a prévues et planifiées. En fait, avec la maladie, c'est tout à fait le contraire qui se produit. Les bonnes et les mauvaises surprises surviennent en dehors de notre volonté et de façon imprévisible. Il faut se tenir prêt à modifier les décisions quand elles ne tiennent plus. La mouvance règne. La capacité de s'ajuster, la collaboration et la souplesse sont nécessaires pour atteindre de nouveaux buts. Les renoncements qui s'imposent ouvrent souvent la voie à d'autres possibilités. Lorsque l'entente initiale ou le vœu sincère d'accompagner jusqu'à la fin ne peuvent plus être réalisés pour une raison ou pour une autre, par exemple l'épuisement, le « contrat » peut être modifié selon les nouveaux besoins.

L'accompagnement d'une personne malade à la maison jusqu'à la fin de sa vie peut avoir des conséquences sur l'aidant quand son engagement va au-delà de ses ressources personnelles. Le sentiment de culpabilité qui en découle risque de dégénérer en dépression majeure ou en colère tournée contre soi. Il faut être attentif à de telles conséquences et ne jamais hésiter à consulter un professionnel de la santé pour se faire guider afin d'opter pour de nouveaux choix. Se relayer continuellement est une mesure de prévention qui fait appel à la fois à des soignants professionnels et à d'autres personnes fiables dans son entourage. Il est impératif de se bâtir un réseau de soutien pour que notre promesse personnelle devienne réalisable par la relève.

19

Doit-on dire la vérité aux enfants, les informer sur la fin de la vie d'un parent ?

Les enfants sont généralement sensibles à leur environnement. Ils pressentent les événements et les sondent de manière plus ou moins directe. Ils cherchent à savoir ce qui ne va pas, car ils constatent les changements d'habitudes ou de comportements de leurs proches. S'il s'agit d'un parent malade, l'enfant décèle une ambiance qui ne cadre pas dans la vie familiale coutumière. Si un membre de sa fratrie cesse de jouer ou ne déploie plus autant d'énergie qu'auparavant, l'enfant redoute la maladie. En l'absence d'explications qui lui seraient prudemment fournies, il imagine le pire. Souvent, les non-dits engendrent chez l'enfant une angoisse plus grave que l'aurait fait une information adéquate. L'imagination de l'enfant est féconde et pas forcément rassurante. Souvent, il entretient des scénarios plus graves et plus inquiétants que ne le susciterait sa connaissance de l'épreuve. Devant le malaise de chacun, l'enfant devient raisonnable à l'extrême, ou, au contraire, il se montre impatient et agité. Il traduit en action ce qu'il n'arrive pas tout à fait à cerner ou à conceptualiser. On lui demande de rester tranquille, mais son inquiétude l'en rend incapable.

Il capte les fragments de la souffrance sans même pouvoir la nommer. Il tente en vain de décoder par lui-même le mal-être qui circule autour de lui et qui l'atteint, jusqu'à ce qu'on lui explique ce qui se passe dans des mots adaptés à son âge, à son tempérament et à son développement. On pourrait commencer le dialogue en lui posant quelques questions : « As-tu remarqué que maman est plus fatiguée, que papa est irritable, que ta grande sœur dort souvent, ou qu'elle a commencé à perdre ses cheveux ? Que sais-tu de ce qui se passe autour de toi ? » Ou encore : « J'ai quelque chose à te dire concernant la santé de maman ; elle ne va pas bien, mais elle se fait soigner et l'on espère qu'elle se portera mieux dans les prochains jours. C'est pourquoi nous lui évitons le bruit, tu comprends ? »

Selon l'âge de l'enfant, il est conseillé de l'inviter à faire un dessin et de l'offrir à son proche malade. Les dessins d'enfants sont révélateurs et servent de prétexte à la communication. Le dessin remplace les mots et facilite l'élaboration des représentations qui frappent leur esprit. Ainsi, l'enfant dessine un visage triste, un ciel nuageux, un personnage alité, une blouse de médecin ou un flacon de médicaments pour exprimer ce qui le marque ou pour engager la conversation. L'enfant est généralement apte à traiter l'information de façon graduée, sans en connaître tous les détails. Il cherche avant tout à se sécuriser auprès d'une figure parentale fiable pour apprivoiser la maladie qui heurte la cellule familiale.

Certains enfants sont surprenants. Je me souviens d'un garçon de 8 ans qui, au retour des vacances familiales, a découvert que son père était en phase terminale de cancer. Personne ne l'avait informé de la gravité de la maladie. Lorsque l'enfant s'est présenté au chevet de son père, il s'est montré affectueux et soucieux de son état. Il lui a remis un mouchoir et un sac pour ses vomissements. Silencieux, il s'est ensuite dirigé vers un tableau blanc suspendu devant le lit de son père. Il a pris un crayon et il a dessiné un vase et quelques fleurs. Il a signé : « Je t'aime, papa. » Il est revenu s'asseoir en silence, son visage était détendu. On m'avait demandé de lui expliquer la situation avec précaution, de l'aider à faire face, mais c'est plutôt lui qui, par son attitude étonnante, a rassuré les adultes regroupés autour de son père. Il chuchotait pour ne pas perturber l'atmosphère et il regardait son père dans les yeux pour lui signifier son attachement. Le petit s'est vite fait grand devant l'état de son père. Leur lien préexistant semblait suffisamment solide et sécurisant pour que l'enfant encaisse le coup sans préavis. Il est vrai que ce garçon avait une maturité exceptionnelle, sans laquelle il aurait pu s'écrouler.

Les livres destinés aux enfants confrontés à la maladie d'un parent ou d'un proche favorisent leur compréhension de la réalité. À l'aide d'une histoire et de personnages avec lesquels il s'identifie, l'enfant parvient à saisir les étapes que parcourt papi ou mamie tout au long du processus de la maladie. Il y reconnaît des objets qu'il retrouve aussi sur la table de chevet et s'habitue à eux par le truchement de la fiction. Le livre d'histoires lui permet de se familiariser avec son nouvel environnement. Aussi l'adulte lui donnera-t-il la chance de poser des questions et veillera à le soutenir dans l'épreuve, qui l'affecte autant que les grands.

De leur côté, les adolescents ont des peurs qu'ils n'osent révéler à personne. Un garçon de 16 ans m'avait de toute urgence consultée, affolé d'avoir machinalement bu au verre qui appartenait à sa mère affectée d'une maladie grave. La peur d'être « contaminé par le cancer » était si grande qu'il avait dû me la confier. Sans l'aveu de ce jeune homme, aurais-je seulement détecté la source de son désarroi ? Il importe d'aller au-devant des enfants et des adolescents qui tentent de minimiser leur propre détresse afin d'épargner le parent malade ou de ménager le parent bien-portant. Il arrive aussi que l'adolescent éprouve de la honte par rapport à ses pairs qui ont des parents en santé. Il n'aime pas que son histoire tranche avec celle des copains. C'est bien connu, l'adolescence est un temps où l'on cherche à s'identifier avec ses pairs et à se démarquer des adultes. Parallèlement, les jeunes éprouvent le besoin de poursuivre leurs activités scolaires, sportives et sociales, car ils sont en plein développement physique et psychique. Lorsque frappe une épreuve familiale, certains adolescents auront tendance à s'étourdir, à se rebeller, à prendre des risques, à attirer l'attention ou à se jeter dans les bras du premier venu.

Accompagner l'enfant ou l'adolescent auprès de son parent malade allège le poids qu'il a à porter, celui des bouleversements et de l'inquiétude. C'est pourquoi la vigilance, la bienveillance et le soutien d'un adulte compétent, aimant et responsable contribuent à garantir l'harmonie. Le défi consiste à maintenir un certain équilibre en les aidant à vivre les frustrations occasionnées par la maladie de leur proche. Rire, pleurer, jouer, être pensif, se montrer plus sensible ou irritable font partie des attitudes fluctuantes que vivent les plus petits autant que les grands enfants. Les membres de la famille éprouvent le besoin de se serrer les coudes et de s'entraider. Enfin, on peut encourager l'adolescent à tenir un journal de bord pour y écrire ses soucis, illustrer son espérance. L'écriture, la musique et le sport maintiennent la joie de vivre, même à travers le chaos. Le contact parfois prématuré avec l'épreuve équipe aussi le jeune des outils nécessaires pour faire face aux adversités futures. La perte subie et assimilée à un âge précoce peut aussi développer la faculté de mieux composer avec les autres temps de fragilisation qui surviendront dans la vie.

20

J'ai toujours eu peur
de la maladie et de la mort.
Comment arriverai-je à accompagner
mon frère atteint d'un cancer incurable ?

La peur de la maladie et de la mort est partagée par un grand nombre de personnes, mais elle peut s'amenuiser et parfois même se dissoudre quand il s'agit d'accompagner un très proche. Surmonter la peur devient possible quand l'objectif surpasse en importance l'obstacle de départ.

Certains cancers échappent à l'observation directe, mais d'autres sont facilement visibles, et alors la peur appelle une certaine préparation. Par exemple, lire sur les différentes formes de cancer avant d'oser la rencontre, visionner un document éducatif sur les manifestations du cancer, soumettre ses questions à un médecin soucieux d'y répondre sont des moyens stratégiques efficaces pour démythifier les multiples facettes et représentations du cancer.

Dans son dernier livre, Christiane Singer précise : « Une maladie est en moi. C'est un fait. Mon travail va être de ne pas être, moi, dans la maladie[30]. » Cette réflexion nous aide à comprendre que la maladie ne détrône pas la personne ;

---

[30] SINGER, Christiane, *Derniers fragments d'un long voyage*, Paris, Albin Michel, 2007, p. 16, 42.

elle peut l'envahir, mais elle ne la domine pas. Les yeux du bien-portant doivent se poser non pas sur la tumeur, mais sur l'être blessé. Impossible d'ignorer la condition altérée de ce dernier, certes, mais le fait de miser sur l'importance de la relation mettra l'approfondissement du lien au premier plan. Les yeux peuvent voir au-delà du corps et faire abstraction des représentations de la maladie et de la mort.

Les peurs varient donc d'une personne à une autre, mais aucun être humain n'est épargné. La peur peut se manifester soudainement ou s'installer insidieusement, selon l'histoire et les expériences individuelles, mais il est envisageable de surmonter celle qui fait obstacle aux désirs pressants. Le sens donné à une démarche importante pour nous comme pour l'autre contribue à restructurer notre vieux schème de pensée. Tout gravite autour des étapes à franchir pour atteindre la quiétude convoitée.

La peur dont vous parlez m'incite à vous confier celle que j'ai surmontée après avoir survécu à un écrasement d'avion. Non seulement avais-je imaginé que jamais plus je ne monterais à bord d'un avion, mais j'ai aussi craint pendant longtemps que tous les avions du ciel ne s'écrasent sur ma tête. Ce n'est pas une figure de style, même si une telle peur est complètement irrationnelle. Au moindre son d'un moteur d'avion, je courais me mettre à l'abri. J'appuyais instinctivement la paume de mes mains sur mes oreilles et j'attendais que l'appareil explose avant de sortir de ma cachette.

J'ai dépassé cette peur le jour où l'on m'a demandé, tout juste avant le début de ma pratique officielle comme psychologue, de venir en aide à des agents de train qui avaient porté secours à leurs passagers lors d'une collision frontale survenue en Alberta. C'était en février 1986. Plusieurs voyageurs sont morts sur le coup, et d'autres, grièvement blessés, ont été dégagés des décombres grâce à la vigilance et à l'assistance du personnel de bord. Les employés étaient en état de choc, et l'employeur a jugé que le témoignage de ma propre expérience de survie au *crash*[31] pouvait les aider à tenir bon. Ma démarche a été possible grâce à mon objectif d'aller vers autrui ; elle m'a libérée de ma peur de voler. En remontant à bord, au retour, j'ai éprouvé la peur, puis je me suis abandonnée et cette manœuvre psychique a écarté les durs souvenirs et a permis une tout autre expérience. J'avais préparé mon périple en approchant d'abord l'avion au sol, en me familiarisant avec son moteur à l'arrêt, en parlant avec les pilotes, en visitant la carlingue et en appliquant les techniques de relaxation apprises en thérapie. Toutes ces étapes ont été essentielles à ma démarche et ma peur de mourir s'est dissipée au-delà de mon espérance. Désormais, l'avion ne fait plus obstacle à mon évolution.

Dans le cas de votre peur actuelle reliée à la maladie et à la mort, votre désir d'aider votre frère peut fournir la motivation nécessaire à votre engagement. L'évitement n'est pas une solution à long terme, pas plus que l'immersion sans protection. La peur nous paralyse et nous contraint pour un temps à la solitude ou au mutisme ; c'est pourquoi le recours à une aide professionnelle ou à une stratégie sur mesure permettra le dépassement de soi et la victoire relationnelle. Car on ne fait pas les choses uniquement pour soi, ce n'est pas suffisant. L'autre, et dans le cas présent votre frère gravement malade, justifie l'effort requis pour transformer votre peur et pour vivre une expérience gratifiante. La personne malade soupçonne nos peurs, et souvent c'est elle qui nous

---

[31] DE MONTIGNY, Johanne, *Le crash et le défi : survivre* (épuisé).

aide à les transcender. En approchant du lit du grand malade, et d'autant plus lorsqu'il s'agit de son propre frère, la peur s'estompe, son obsession cède devant la personne qui nous appelle à l'aide. Le dépassement de la peur entraîne une renaissance, un regard renouvelé, une ouverture sur le monde. Dégagée du corset qui la maintenait à distance et qui brouillait les pistes, la personne découvre son réel potentiel et peut offrir une présence authentique à celui qui appréhende son propre anéantissement. Le sentiment de l'impuissance, de la vulnérabilité partagée, les silences enveloppants et la conscience du temps limité contribuent à l'élimination des peurs inhérentes à la maladie incurable et à la mort. Nous sommes à la fois grands et petits devant l'inéluctable, l'irréversible et le mystère. L'humilité s'impose au rendez-vous qui, chaque fois, menace d'être le dernier.

La façon dont Christiane Singer a vécu ses derniers mois nous redonne vie et courage : « Il faut partir en agonie, il faut être abattu comme un arbre pour libérer autour de soi une puissance d'amour pareille. Une vague. Une vague immense. Tous ont osé aimer. Sont entrés dans cette audace d'amour. En somme, il a fallu que la foudre me frappe pour que tous autour de moi enfin se mettent debout et osent aimer. Debout dans leur courage et dans leur beauté. Oser aimer du seul amour qui mérite ce nom et du seul amour dont la mesure soit acceptable : l'amour exagéré. L'amour immodéré. Alors, amis, entendez ces mots que je vous dis là comme un grand appel à être vivants, à être dans la joie et à aimer immodérément. »

Ce passage à la fois magnifique et bouleversant de son récit de fin de vie nous aide à comprendre que l'expression de l'amour supplante les peurs diffuses. Cet état de compassion ne se fabrique pas, il surgit dans un moment inattendu et abat les obstacles. Si une telle expérience ne peut se concrétiser au moment souhaité, elle ouvre néanmoins le chemin pour y arriver ultérieurement, par exemple à l'occasion d'un autre accompagnement. J'aime me répéter une phrase extraordinaire que nous a livrée Alexandre Jollien, philosophe, au 20ᵉ congrès du Réseau québécois de soins palliatifs (2010) : « L'homme fait son possible, le mieux possible, chaque jour, mais il doit se détacher du résultat[32]. » Autrement dit, peut-être faut-il faire de son mieux, respecter ses limites et se laisser surprendre par les résultats.

---

[32] JOLLIEN, Alexandre, *Le métier d'homme*, Paris, Seuil, 2002.

21

Mon père et moi n'avons jamais été très proches. Comment puis-je le soutenir dans sa maladie ?

Il peut arriver qu'une personne très proche de son parent le laisse tomber lorsque celui-ci est frappé par la maladie. L'inverse est aussi vrai. Une personne habituellement distante peut se rapprocher du parent malade. La réaction dépend à la fois du rapport entretenu avec la personne malade et du rapport avec la maladie. D'un côté, la peur de la maladie peut engendrer l'abandon de la personne, et de l'autre, le malaise que soulève la proximité avec un parent malade peut provoquer le déni de la maladie contre laquelle il lutte. Face à l'épreuve, certains réagissent par la fuite, d'autres se mobilisent dans un mouvement d'empathie (ils se mettent à la place de l'autre) ou de compassion (ils sont littéralement touchés par l'autre). Ces élans spontanés sont réversibles à cause des changements que l'évolution de la maladie impose.

Contrairement à ce que l'on pourrait penser, la dépendance interrelationnelle (compter l'un sur l'autre) rend autonome parce qu'elle libère chacun dans son rôle respectif. L'autonomie, nous dit le philosophe Alexandre Jollien[33], ne consiste pas dans la capacité de se passer des autres, mais plutôt dans la hardiesse de demander de l'aide. Ne pas répondre à cette demande, se retirer ou ne pas communiquer engendre une privation mutuelle qui n'est pas toujours mesurable sur-le-champ. Par ailleurs, s'investir dans l'accompagnement n'est pas irréversible : on a le droit de se retirer si l'expérience s'avère éprouvante.

De vieilles rancœurs ou une fausse pudeur dans le soutien à l'autre, lorsque survient la maladie, sont souvent les causes de l'éloignement physique ou du blocage affectif entre le parent et son enfant ou entre deux proches. Je me souviens de cet homme qui m'avait dit : « Je n'ai jamais enlacé mon père, et cela me manque. » Et pourquoi n'osez-vous pas le faire ? « Parce que le geste me rendrait trop vulnérable, je risquerais alors de pleurer à chaudes larmes dans ses bras. Mon père ne pourrait pas le supporter. » Cette pensée est contaminée par une peur qui déforme la réalité. La peur est réelle, mais la réalité est déformée par elle. Sans audace, rien n'est possible. Il faut oser pour que l'autre puisse nous étonner ou pour que la relation s'épanouisse. Quand chacun reste sur ses gardes, le malaise augmente et le lien s'appauvrit. Certains hommes ont reçu une éducation stricte : autrefois, accorder de l'attention affectueuse à son fils pouvait être perçu comme une faiblesse masculine, un manque de virilité ou d'affirmation de soi. L'abandon des défenses qui survient dans des moments ultimes permet de découvrir un être devenu très proche et dont on ignorait l'essentiel.

---

[33] JOLLIEN, Alexandre, *Chemin vers l'autre, chemin vers soi*, Allocution au 20ᵉ congrès du Réseau de soins palliatifs du Québec, à Québec, le 11 mai 2010.

D'autre part, le rapport entre un père et sa fille diffère généralement de celui qu'il entretient avec son fils. Les soucis d'un parent varient en fonction de l'âge et du sexe de son enfant. La plupart des pères compétents se considèrent comme le protecteur familial, particulièrement à l'endroit de leurs filles, qu'ils cherchent à prémunir contre les agressions extérieures. Mais quand le rôle paternel se rigidifie le visage du père devient sévère et fermé.

Si la tension persiste entre un parent et son enfant, elle empêchera l'éclosion relationnelle et la maturation familiale. Les nouveaux pères ont la possibilité de s'affranchir de la peur de la proximité en infléchissant la dynamique familiale. Grâce à son évolution dans un monde moins formel, l'enfant devenu grand pourra faire ses premiers pas vers son père malade. J'ai en tête un homme de 56 ans qui, au moment du décès de son père, a appuyé son visage contre sa poitrine en lui répétant : « Maintenant, j'ai le droit de te dire : "Je t'aime !" Papa, est-ce que tu m'entends ? »

Si l'adaptation de l'enfant qui accompagne son parent malade se fait trop lentement ou le confronte trop brutalement dans ses peurs, l'amour qui échappait à l'un ou qui était retenu par l'autre pourrait néanmoins se déployer au dernier moment. Il se peut aussi que rien de tout cela ne se produise et que l'un quitte le monde sans avoir pu se rapprocher des siens ou sans que l'autre ait eu le temps de verbaliser ses sentiments. Après un accompagnement qu'elles considèrent incomplet ou insatisfaisant, les personnes en deuil ont besoin de soutien. Elles devront chercher à réparer leur relation avec le disparu dans un contexte symbolique, moins menaçant.

La maladie contraint le proche du malade à une forme d'intimité peu courante. Approcher du corps malade d'un de ses parents suscite généralement un grand inconfort. Le laver est un geste intime auquel certaines personnes ne pourront pas se résoudre. Le soignant, dégagé du lien de parenté et de ses enjeux, non investi sur le plan affectif et familial, peut alors prendre la relève. Mais d'autres proches voient dans les soins une occasion d'exprimer leur affection autrement que par les mots. La vulnérabilité partagée ouvre un espace d'intimité qui lie alors l'un et l'autre dans un moment sacré.

Par ailleurs, le risque d'être déçu n'est pas négligeable ; autant le soignant étranger n'a pas d'attente de réciprocité lorsqu'il prodigue ses soins, autant cette attente est forte pour un proche. Il espère une demande de pardon, un message, un mot de réconfort, mais parfois ses attentes ne reçoivent pas de réponse. J'ai le souvenir d'une femme qui veillait son père jour et nuit, sans dire un mot, assise au pied de son lit, et lui gardait les yeux clos. Les tentures étaient fermées, l'atmosphère sombre et lugubre. Cette femme d'une quarantaine d'années demeurait seule au chevet de son père, ses dix frères et sœurs ainsi que sa mère ayant renoncé à venir le voir. L'équipe soignante lui avait offert tous les services existants, mais elle les avait refusés catégoriquement : « Laissez-moi avec mon père. » Ce dernier est décédé quinze jours après son admission en soins palliatifs. Sa fille est repartie en refusant nos services de suivi de deuil. Deux ans après le décès de son père, cette femme m'a contactée ; elle souhaitait témoigner par téléphone. « Est-ce que vous vous souvenez de moi ? J'ai accompagné mon père en attendant une conversation qui n'a jamais eu lieu. Mon père a agressé tous ses enfants physiquement, psychologiquement, sexuellement, et j'ai espéré jusqu'à la fin, en vain, sa demande de pardon. Je n'ai pas voulu raconter notre histoire au personnel soignant, car je craignais que mon père ne reçoive plus par la suite les bons soins qui lui étaient tout naturellement prodigués. Il a reçu des soignants tout ce qu'il n'a jamais su donner à ses propres enfants. J'ai cru que ce bain d'amour allait le sensibiliser, l'amener à me parler et à me demander pardon avant de mourir. Rien de tout cela ne s'est produit. Je vis donc un triple deuil : mon souhait non réalisé (mon père n'a manifesté aucun signe de regret) ; la perte du lien avec ma fratrie, qui me reproche d'avoir accompagné "le bourreau" (tous me considèrent comme une traître, ils n'ont jamais compris ni accepté ma démarche à ses côtés) ; et le deuil insurmontable d'un père qui n'a pas su nous aimer. »

C'est souvent l'offensé qui, avec le temps, pardonnera à l'offenseur qui n'a pas eu la compétence, la conscience ou la maturité pour le faire. La blessure de la personne en deuil et laissée en plan demeure profonde, les souvenirs en ravivent toute la douleur. Pardonner à celui qui n'a pas su reconnaître ses erreurs ou ses bêtises avant de partir apporte en soi une forme de guérison. Car « haine et impossibilité de pardonner s'alimentent mutuellement et constituent un verrou par rapport à toute guérison psychique... Le pardon est fondamentalement le retournement du sentiment de haine. En d'autres termes, pardonner, c'est un processus psychique par lequel on cesse de haïr... Pardonner, ça commence d'abord en soi ; pour le blessé, ça veut dire mettre fin à la haine qu'il a en lui... La psychologie du pardon ne s'inscrit pas dans une vision logique des relations humaines ; elle n'a pas vraiment de justification rationnelle ; elle correspond à l'émergence d'une attitude singulière par laquelle le blessé arrête de réclamer vengeance ou justice et ne cherche plus indéfiniment, et parfois désespérément, à faire payer au coupable le tribut de sa survie[34] ».

Je ne crois pas à l'adage : « Nul ne peut donner ce qu'il n'a point reçu. » Il arrive que la faculté de donner provienne justement du manque, en autant que ce dernier ait été surmonté, dépassé et comblé grâce à d'autres figures aimantes. Chacun peut apprendre de ses expériences, même négatives. « Jusqu'à présent, les chercheurs ont mis l'éclairage sur les dégâts, incontestables. Il faut maintenant partir en quête des processus de réparation[35]. »

---

[34] FISCHER, Gustave-Nicolas, *Les blessures psychiques. La force de revivre*, Paris, Odile Jacob, 2003, p. 204, 210-211.

[35] CYRULNIK, Boris, *Un merveilleux malheur*, Paris, Odile Jacob, 1999, p. 18.

III

L'ACCOMPAGNEMENT

22

Pourquoi est-ce si difficile d'accompagner un proche menacé par la mort ?

La vie du malade vient de basculer, sa situation affecte inévitablement son entourage. Les projets à long terme sont dorénavant proscrits et certaines activités sont annulées sur-le-champ. La famille tente de ne pas céder à la peur et au découragement, mais elle est déstabilisée, en proie au stress et à l'inquiétude. Le cercle affectif est surtout ébranlé par l'instabilité du malade, qui décline à vue d'œil. Apprendre qu'une personne chère va bientôt mourir nous ramène rapidement à la réalité. Tous les efforts et tentatives faits de part et d'autre ont abouti à un cul-de-sac, alors c'est la frustration et le chagrin qui dorénavant se disputent le terrain.

D'autre part, l'annonce d'une mort prochaine ne situe personne ni sur la date ni sur l'heure de sa survenue. Le médecin a le devoir d'aborder la question de la fin, même s'il y a une certaine marge d'erreur en termes de jours ou de semaines. Le pronostic est frustrant, d'abord parce qu'il est faillible, ensuite parce qu'il n'est pas forcément connu du malade. Certaines familles prient le médecin de ne pas dévoiler au malade qu'il va mourir. La peur de voir mourir un proche se combine alors à la peur que celui-ci ne l'apprenne de sources extérieures. Mais le malade, lui, se sent mourir de l'intérieur. La conspiration du silence, fait paradoxalement beaucoup de bruit. L'accompagnement devient d'autant plus éprouvant qu'on a peur de s'échapper et d'aborder le sujet de la mort, avant la mort du sujet.

Comment la personne malade compose-t-elle avec ce qui lui arrive, et que deviendront les siens ? Personne ne peut présumer des réactions. L'énigme l'emporte sur la clarté, et les décisions seront prises en fonction de l'évolution de la maladie. La souplesse et l'ajustement constituent donc de précieux remparts pour garder le moral.

La succession d'expériences contrastées comme l'espoir et le découragement, un succès relatif et la déception, le connu et l'inconnu est difficile à vivre. Par ailleurs, tantôt c'est le malade qui remonte le moral des proches, tantôt ce sont les proches qui confortent le malade avec précaution. L'accompagnement est un mouvement qui oscille d'un état et d'une étape à l'autre. La route est accidentée ; elle contraint le malade et son accompagnant à de nombreux détours. Ce qui tenait hier ne vaut plus aujourd'hui. Que d'émotions ! L'être humain parvient à trouver en lui ce qu'il cherchait pourtant à l'extérieur ; désormais, sa sécurité ne tient plus à la quantité de vie, mais à la qualité que lui inspire celle qui s'éteint. La qualité du temps qui reste s'allie à la qualité du lien qui tend à se solidifier tout juste avant de se dénouer. Le processus est troublant : aimer très fort au moment d'une perte partagée.

L'accompagnement requiert aussi une énergie folle à cause du phénomène d'identification. On s'identifie immanquablement à celui qui va mourir. Il nous renvoie à notre condition humaine. Ce qui le concerne va également, tôt ou tard, me terrasser aussi, différemment, pareillement ? Qui sait ? La mort n'épargne personne. C'est pour cela qu'il devient difficile d'accompagner son semblable. Être témoin du processus de mourir est une piqûre de lucidité et conduit à une prise de conscience : nous sommes sujets à disparaître dans le désordre, et cette constatation est un rappel à l'ordre. À la fois difficile et tonifiant, l'accompagnement est un art qui se développe dans l'intimité de la rencontre et parfois même dans la fulgurance de l'instant. La force de l'expérience compense l'impuissance des individus qui, au moment crucial, doivent emprunter deux chemins opposés : l'un va vers la mort, et l'autre retourne vers la vie. C'est une aventure inoubliable ! En ce sens, l'accompagnement est une chance que certains ne pourront connaître s'ils perdent un proche d'une manière soudaine et inattendue. Apprivoiser la mort d'un proche constitue une forme de pare-chocs contre la douleur et contribue à adoucir la perte lorsqu'elle survient. Accompagner est une aventure houleuse, même s'il existe des périodes de stagnation où rien ne semble indiquer la direction que prendront les événements. Mais les impasses favorisent la marche arrière et d'autres issues s'ouvrent sans que nul ne s'y attende. L'ombre danse alors avec la lumière à l'orée de l'inconnu et le couple accompagnant-accompagné jette un pont entre le la mort et la vie. Le départ de l'un imprègne le retour de l'autre. Ainsi, à la suite d'une perte majeure, l'absence incitera au resserrement familial.

L'accompagnement s'effectue généralement sur un sentier sinueux qui se sépare en deux à un embranchement : la vie d'un côté et la mort de l'autre. Les survivants marchent sur les traces de leurs prédécesseurs et élargissent leurs pas, afin de regagner les voies inexplorées et de camper l'avenir. La maxime de notre poète québécois Félix Leclerc : « C'est grand la mort, c'est plein de vie dedans » fait sans nul doute référence à un héritage que l'accompagnant fera fructifier.

23

Comment composer
avec le sentiment d'impuissance
devant un proche mourant ?

*Ce terrible qui t'advient, comment le
porter avec toi, et vers où ?*
Gabriel Ringlet

Le sentiment d'impuissance se manifeste en l'absence de solution désirée et définitive, comme enrayer une douleur récalcitrante ou prononcer une parole qui guérit. À ce sentiment s'ajoute l'impression d'être inadéquat, incompétent ou dépassé par la situation. Mais devant la mort, on n'a pas la même puissance que celle déployée pour affronter les problèmes de la vie courante : tout se crée sur-le-champ. Impossible de renverser la donne, le spectre de la mort bloque les rapports coutumiers. Le malaise est palpable. Les mots sont pauvres ; toutefois, le lien peut se solidifier, même dans une atmosphère trouble. Présence, écoute, compassion sont les clés pour déverrouiller l'impasse. Le silence est d'or, il enveloppe la rencontre. Le calme est au rendez-vous. Il reste encore beaucoup à offrir : la tendresse. « Elle est, cette Tendresse, aérienne comme l'air dont je me nourris, et il suffit de laisser respirer la force d'amour en soi pour s'en emplir et la donner à vivre... C'est une lumière que seule la pensée perçoit, une lumière produite par le soleil de l'âme et qui inonde le cœur de l'être... Tout le pouvoir d'amour diffusé dans l'espace circule alors en soi[36]. »

L'éveil de la spiritualité nous délivre du sentiment d'impuissance. Le temps est précieux, les lieux sont sacrés. Le langage des mains s'accorde au rythme du souffle. On vit à deux le labeur des derniers moments : la mort ne sera pas violente. Être là est une chance, et elle n'est pas donnée à tous. La conjoncture est en cause, même si « le hasard est le nom que prend Dieu s'il veut voyager incognito » (Albert Einstein). Pendant que la vie extérieure se tient entre parenthèses, la vie intérieure prend de l'expansion. Rien d'autre n'existe que cette rencontre d'âme à âme, dénuée de faux-fuyants. Les regards s'arriment, se posent, se noient dans un nouvel espace qui borde l'horizon. Le matériel disparaît, seuls les symboles, les métaphores et les intuitions circulent avec fluidité. C'est la montée vers l'âme. Attendre patiemment la fin, ne plus la craindre, l'espérer même, jusqu'à l'épuisement.

Le savoir-être ici prend le relais de l'activité devenue impossible. Être là, juste être, telle est la mission au chevet du mourant. Il faut épargner au proche gravement malade trop d'actions aux alentours ; même le bruit des mots cède sa place au son de la nature et des pas. Le chant à une voix s'entend comme berceuse. Particulièrement si l'être aimé s'engouffre dans un coma. Ne reste alors que le murmure d'une prière ou l'expression pure de son affection. Le mystère est total, impénétrable. L'expérience est forte, et même si quelque chose de semblable se déroule ailleurs, elle est unique. La grande aventure exige le guet, la veille.

---

[36] MERCIER, Mario, *La tendresse*, Paris, Table ronde, 1995, p. 66.

Le processus de mourir s'accélère, puis s'appesantit dans cet espace hors du temps. Le mouvement du balancier entre « va ton chemin » et « ne me quitte pas » règle le tic-tac du travail de trépas. Étrange sensation, entre le grandiose et l'absurde. Grandiose à cause du moment sacré auquel le proche assiste, et rendez-vous absurde parce qu'il est le dernier.

Sans relâche, l'accompagnant négocie avec deux sentiments contradictoires : le désir d'être témoin de la dernière heure et l'envie de disparaître au moment crucial. Le sentiment d'impuissance engendre aussi le sentiment de culpabilité. Les « trop tard et trop tôt », « si j'avais su », « j'aurais donc dû », « si jamais », « s'il fallait », « si seulement il... » ou encore « si je le pouvais... » sont les pensées envahissantes qui prennent d'assaut l'accompagnant qui ne peut s'empêcher de les transmettre au mourant. « S'il fallait qu'il s'enfuisse sans répondre à ma demande de pardon. » C'est alors que la capacité de transcender la dure réalité vient à la rescousse du survivant : le pardon survient sans la supplication. Soudain, face au corps inerte, la peur et le sentiment d'impuissance disparaissent. Alors le dernier temps s'annonce : celui des adieux. Ce moment bien particulier où le mourant « repose » devant soi démantèle le mécanisme de déni qui se faufilait à travers l'accompagnement. Tout devient vrai : l'absence d'une vie et la naissance d'une grande peine. Difficile d'abandonner le corps. D'autres, des étrangers, vivront les gestes sacrés qu'offre la toilette mortuaire.

« Même perdue, sa vie n'est pas achevée. Il lui reste encore à passer le flambeau[37]... » Il revient alors au proche

---

[37] BURDIN, Léon, *Parler la mort. Des mots pour la vivre*, Paris, Desclée de Brouwer, 1997, p. 66.

d'entretenir la flamme et de répandre sa lumière sur le chemin du deuil. De l'impuissance ressentie va naître une force que le défunt lui a léguée : la force de poursuivre une route déviée. Peu de segments de vie auront une aussi grande portée que l'accompagnement, l'assistance au dernier moment et la fortune que laisse une telle expérience. Le sentiment d'impuissance va bientôt se résorber et céder la place à des forces étonnantes.

Le travail de deuil à la fois précède la perte et lui succède. Il fait appel à l'art de se détacher sans jamais oublier, d'aimer et de vivre autrement. La main de celui qui n'est plus et dans laquelle on s'était blotti nous propulsera vers l'avant. Même si la mort a dérobé son corps, jamais elle n'entamera la relation qui l'a précédée. L'expérience de l'accompagnement se démarque nettement de tous les acquis ; elle se prolonge dans un enseignement infini. Le disparu accompagne à son tour le proche, il le réanime et le met en route vers une nouvelle voie : « Aimer, être aimé, dans le détachement, le dépassement de ce qui éloigne et sépare, dans l'union avec le Tout, le consentement, la pure célébration de l'Amour, sans objet, sans visage[38]. »

---

[38] DORION, Hélène, *L'étreinte des vents*, Montréal, Presses de l'Université de Montréal, 2009, p. 92.

24

Comment l'accompagnant doit-il se comporter pour préserver l'intimité du malade ?

L'intimité évoque l'intériorité, la profondeur, le caractère privé d'une personne. Le mot inspire le respect, la confidence et la complicité. Certains éprouvent de l'embarras ou de la timidité lors d'une véritable rencontre ou dans un moment intime. Le sens particulier du mot « intime » varie en fonction des expériences et des idées de chacun. L'accompagnement ne lui confère aucune résonance sexuelle et une très grande résonance affective. L'intimité de la rencontre se produit si l'humilité est au rendez-vous. L'humilité devant le dépouillement de la pièce, la nudité de l'être, le chant du silence, la sensibilité des mots et l'infinie simplicité que requiert l'alliance entre vivant et mourant. Quelque chose de pareil et de différent les unit : la mort imminente de l'un, la fragilité de la vie de l'autre. Vie et mort se frôlent ; chacun repartira autrement, peut-être transformé.

Le grand malade se sent réduit à des fonctions élémentaires et indispensables : respirer, manger, boire, évacuer, dormir, parler très peu, faire silence. Son intimité le renvoie à des gestes qui jadis lui étaient faciles, naturels, et les confier à un soignant, à un frère, à son enfant, à sa conjointe ou à une amie exige une humilité folle. À tour de rôle, les professionnels de la santé et les aidants dits naturels se partageront la tâche de nourrir, de baigner, d'éponger le corps affaibli, endolori, handicapé, prisonnier de son lit. Ici, donner signifie recevoir, et recevoir signifie donner. « C'est à ces moments-là que je me sens le plus proche, quand il n'y a plus aucune théorie qui tienne ni aucun discours, mais que chaque geste, enlever une chemise, changer un drap, m'est aussi précieux que la perle rare[39]... »

Il n'est pas facile d'approcher du corps étrange, nu ou blessé d'une personne qui nous est familière. Le corps même altéré se montre tout entier, il n'est plus le premier support de l'identité, car l'être gagne en profondeur. Sa maigreur, sa couleur, son odeur, la sensibilité de sa peau, de son ouïe ou de sa vision surprennent et parfois terrifient « le couple » engagé sur la route de l'accompagnement. Le malade craint son miroir autant que le regard d'autrui. Les malaises de part et d'autre augmentent la gêne et il faut prendre le temps de la surmonter. Le corps du malade est exposé aux yeux de tous.

Une mémoire sensitive lui revient et les gestes des deux extrémités de sa vie se confondent : son arrivée au monde et son départ imminent. Dans la chambre, la scène de la petite enfance se répète : le bien-portant veille au chevet du « démuni ». Le lit de la personne malade est clôturé par des montants, elle porte une couche, un proche la nourrit à la cuiller ou change ses vêtements ; si le malade se lève, le proche assure ses pas ; durant son sommeil, l'accompagnant guette le mouvement de son souffle, ses sens sont en éveil. Les derniers mots du grand malade importent autant que les tout premiers de l'enfant. On lui porte une attention assidue,

---

[39] RINGLET, Gabriel, *Ceci est ton corps. Journal d'un dénuement*, p. 83.

on observe son évolution. Sa dépendance est touchante ; elle suscite le désir de le servir. Dans *La mort intime*, Marie de Hennezel note ceci : « J'ai appris auprès des mourants à veiller silencieusement ceux qui dorment, ceux qui sont dans le coma, j'ai découvert le plaisir qu'il y a à rester là sans rien faire, simplement présente, en éveil, attentive comme ces mères qui veillent leurs petits endormis[40]. »

Cette façon d'être et de faire ne diminue en rien la grandeur du malade. L'enjeu pour lui se situe dans un abandon qui lui permettra d'économiser son énergie physique et de privilégier son espace spirituel. Le malade espère que l'accompagnant découvrira sa dimension invisible, le rejoindra là où l'âme et le cœur ne font qu'un. « Il s'agit d'amour et d'engagement. D'aller à la rencontre de l'autre, aussi profondément que possible, au cœur de ses valeurs et de ses préoccupations, pour lui permettre de trouver sa propre réponse intime[41]. »

L'intimité peut impliquer le retrait du malade, son désir de solitude ou son besoin de s'isoler. L'aidant doit vérifier la nature des souhaits et les limites du malade avant d'accomplir une tâche non réclamée. Croire que l'autre ne peut pas ou ne doit pas être livré à lui-même provient de bons sentiments, mais il n'est pas rare qu'un malade préfère rester seul. La quête d'intimité se définit par un besoin de silence, de méditation, de réflexion et de repos. Quand une personne aidante peut offrir sa présence sobre et discrète, le temps et l'attente se vivent sereinement à deux.

---

[40] De Hennezel, Marie, *La mort intime. Ceux qui vont mourir nous apprennent à vivre*, Paris, Robert Laffont, 1995, p. 85.

[41] De Hennezel, Marie, et Jean-Yves Leloup, *L'art de mourir. Traditions religieuses et spiritualité humaniste face à la mort aujourd'hui*, Paris, Robert Laffont, 1997, p. 19.

Une mère qui tenait à passer du temps seule au chevet de son fils de 30 ans, l'avait signifié aux soignants, à la famille élargie et aux visiteurs. Mais au bout d'un certain temps, son épuisement et sa détresse cumulés ont alerté l'équipe de soignants, qui a tenté quelques compromis. Un infirmier a osé avec délicatesse ouvrir la porte : « Si vous me le permettiez, je viendrais passer du temps avec vous et avec votre fils, en silence ; je me propose de lire non loin de vous, d'être présent à vos côtés. » La présence discrète du soignant avait finalement permis à cette mère de s'assoupir en toute confiance. L'intimité a pu être vécue dans une dynamique ajustée à la nouvelle réalité. Cette femme m'a dit, lors d'un suivi de deuil : « Heureusement que l'infirmier a gentiment insisté, sa présence discrète m'a sauvée de ma cachette. Sinon, je restais prisonnière de ma demande initiale. »

Le tact et l'intuition doivent primer au chevet du malade. Se présenter au bon moment et le vérifier, se reprendre le cas échéant, demander à nouveau sans insister obstinément ni faire la morale sont des attitudes et des aptitudes à développer et à affiner. Cette finesse de l'esprit et du sentiment est un outil précieux pour préserver l'intimité du malade et de sa famille. L'essentiel n'est pas de réagir ou de se défendre avec force, mais de contenir la détresse du malade. L'art et les « règles » de l'accompagnement sont tributaires de talents naturels associés à la formation personnelle et à la générosité du cœur. « ... Pour tenir compte de la réalité que vit cette personne et pour que le cheminement qui lui est offert soit réellement parlant, il faut nécessairement inventer de nouvelles formes d'accompagnement[42]. »

---

[42] PEREIRA, José, *Accompagner en fin de vie. Intégrer la dimension spirituelle dans le soin*, Montréal, Médiaspaul, 2007, p. 61.

25

Au cours de l'accompagnement, comment faire la distinction entre la conspiration du silence et un silence enveloppant ?

La conspiration du silence désigne un blocage de paroles dû à un tabou familial ou à un secret de famille. Quand les membres d'une famille n'osent pas parler d'un sujet trop délicat à leurs yeux, il faudrait, pour parvenir à dénouer l'impasse et à les libérer de leur inconfort, les réunir, préférablement dans le contexte des soins palliatifs, afin qu'ils discutent dans un esprit solidaire avant que le décès de l'être cher ne survienne.

Voici quelques cas de conspiration du silence, qui nous aideront à en comprendre la portée.

- Une mère en phase terminale ne sait pas que son fils vient de subir un accident grave. Elle réclame sa présence habituelle, mais la fratrie invente toutes sortes de raisons de son absence, afin de lui épargner la vérité et de ne pas rajouter à sa souffrance.
- Une femme âgée n'a jamais révélé à sa sœur mourante qu'en réalité elle était sa mère ; à l'époque où elle avait accouché de son enfant, on jugeait sévèrement les mères célibataires ; ses parents ont donc choisi de l'élever en laissant croire à

tous leurs enfants, sauf à l'aînée qui durant toutes ces années a porté le secret, qu'il s'agissait-là de leur petite sœur.

– Un père mourant demande à sa conjointe : « J'aimerais bien me libérer avant de mourir et dire à notre fils que nous l'avons adopté à l'âge d'un mois. Ce serait peut-être important qu'il le sache pour qu'il soit mieux éclairé sur son histoire familiale. » La conjointe le supplie d'emporter le secret avec lui.

– Une femme appelle l'infirmière en pleine nuit et lui demande si elle peut passer voir monsieur Untel à l'hôpital ; elle explique à la soignante que le malade a été son amant pendant 20 ans et qu'elle souhaite le voir une dernière fois, à l'insu de sa famille, même si le patient est à un stade plus ou moins conscient.

– Une femme tente de convaincre son amie en phase terminale de recourir à une médication dite naturelle sans le dire à l'équipe médicale, qui, selon elle, déconseille habituellement cette option. La jeune malade prend régulièrement le « remède », mais combat difficilement le stress que lui occasionne sa « cachette ».

– Un malade fait une chute en tentant de se lever pour se rendre à la salle de bain, alors qu'un tel effort lui avait été interdit par son ergothérapeute. Un membre de la famille l'aide à se relever et masque l'incident pour ne pas alerter l'équipe soignante.

– Une personne en fin de vie avait insisté pour ne pas recevoir les derniers sacrements ; la famille en décide tout autrement et, à la dernière minute, fait appel au prêtre qui prononce les prières d'usage, le malade étant trop affaibli pour réagir.

Ces situations nous sont confiées après coup, et les personnes en deuil souffrent non seulement de la perte d'un proche, mais des silences pesants qui l'ont entourée. Chacun tente de faire pour le mieux dans des circonstances parfois compliquées, mais on gagnerait à consulter un psychologue sensibilisé à ce genre de dilemme et formé pour éclairer les proches sur la décision à prendre : taire ou non la vérité au malade. La conspiration du silence autour de lourds secrets est souvent à l'origine de processus de mourir plus ardus et de deuils qui se prolongent. L'être humain vit des situations complexes et, parce qu'il craint le jugement d'autrui, il risque d'entretenir un sentiment de culpabilité qui se tournera en colère ou en comportements autodestructeurs. Laissées à elles-mêmes, les personnes en détresse prennent parfois des décisions regrettables. L'aide est essentielle lorsqu'il s'agit de traverser des moments de fragilisation comme la perte imminente d'un proche.

Le silence enveloppant se décrit tout autrement. Il s'agit d'un préambule au discours, d'une atmosphère feutrée, d'une attitude accueillante et pacifiante, qui laisse place à une parole qui monte en soi. Il s'agit d'un moment sommet que Piero Balestro[43] dépeint de façon exceptionnelle : « Ce n'est pas un simple outil de communication qui vise à souligner ce qui sera dit par la suite ; c'est un langage en soi, humain, réel, concret comme la pulsion vitale et la force du géant mythique qui, même endormi, ne cesse de transmettre, par sa présence même, la puissance obscure qui vibre en lui. » Les deux personnes en présence ne sont pas gênées par le silence ; au contraire, elles se sentent réconfortées, protégées, bercées, rejointes dans un moment particulier. Elles se retrouvent toutes les deux dans un espace méditatif où l'intériorité tient une place prépondérante. Elles repassent leur vie avec les yeux du cœur. La tendresse est au rendez-vous. Le toucher est infiniment doux, les sens sont exacerbés, tellement le silence est grand. On entend

---

[43] BALESTRO, Piero, *Parler l'amour. La thérapie des tendresses*, p. 26-27.

jusqu'à sa musique. Empruntons une fois de plus les mots sublimes de Balestro : « On reste ébahi à admirer ou à comprendre, frappé au plus profond de soi par la lumière tout intérieure qui éblouit soudain par son intensité. Elle devient si immédiate et absolue qu'elle ne tolère pas la médiation du signe – un mot, un geste, un baiser –, de quelque chose qui soit, d'une façon ou d'une autre, œuvre de traduction. Entre ce que l'on éprouve intérieurement de façon si profonde, en une seule palpitation, et ce que l'on doit dire, faire, penser pour le traduire, il existe un écart impossible à combler dans le temps. Tout finit par être inadéquat et trahit l'immédiateté de la vie. Alors on se tait, on ne peut que se taire. Et chose étrange, cette forme de communication exprime l'inexprimable. »

Le souvenir d'un moment-clé m'invite ici à illustrer ce que j'entends par un silence qui prévaut sur les mots. L'événement a eu lieu autour de la fête de Noël. À l'hôpital, on avait sorti les lits des chambres, afin que les malades et leurs familles puissent bénéficier d'une table généreusement garnie, de la présence du père Noël et des efforts festifs du personnel soignant. Une mère avançait le long du corridor, tenant dans ses bras son bébé de quelques mois. Attirée par le regard d'un homme alité, très âgé, lucide et souriant, la mère a eu un geste spontané : elle a déposé sa postérité au creux des bras flétris. Le « grand-père » a plongé ses yeux fatigués au fond du regard ravi de l'enfant. J'ai assisté au chef-d'œuvre de la confirmation, de l'alliance, de la filiation. J'ai vu l'amour à son point culminant, un amour sans mots qui se déployait là en toute simplicité. Les crânes nus s'étaient posés l'un contre l'autre, et le mystère de la vie naissante se fondait avec celui de l'« accouchement » de l'agonisant. Cette scène évoquait de manière exceptionnelle le cadeau du lien, point d'ancrage de l'accompagnement. Le vieillard et l'enfant avaient l'air de dire : chacun partira bientôt sur son chemin. De toi, j'apprendrai la vie, de toi, j'apprendrai la mort.

Dans la conspiration du silence, le secret cherche à trouver une issue pour se révéler, tandis que le silence enveloppant s'installe dans la fluidité du lien. Les secrets pèsent lourd, alors que les silences sont aériens.

26

**Ma mère est en phase terminale.
Comment contenir
mon chagrin devant elle ?
On me dit de lui donner
la permission de partir,
mais je cherche encore à la retenir.**

Il est normal d'avoir de la peine et de la manifester quand il s'agit de la mort d'un être qui compte autant dans une vie. Pourquoi vous faudrait-il la camoufler ? Un parent ne serait-il pas étonné de n'apercevoir aucune trace de chagrin dans le regard de son enfant ? Les larmes peuvent être thérapeutiques ; elles ne sont pas synonymes de faiblesse ni de perte de contrôle, elles sont la marque d'une infinie tendresse. Elles témoignent de l'amour de l'enfant, de sa compassion, de son souci et de sa place en tant qu'enfant. Peu importe l'âge, on demeure l'enfant de sa mère. N'a-t-elle pas vu vos larmes à maintes reprises, causées par des épreuves moins graves ? Elle les a séchées, alors elle sait consoler, même si elle est maintenant elle-même vulnérable.

Une mère paraît si robuste aux yeux de son enfant qu'il est d'autant plus difficile de la retrouver alitée, sans défense, dans une situation où les rôles sont inversés, même quand son rôle s'amenuise. Les larmes qui perlent parlent ; elles rendent compte de l'histoire d'une vie qui s'estompe et qui demande à se tramer autrement dans le cœur de son enfant. Perdre un être cher, c'est triste. Les personnes en deuil pleurent tout à la fois : le lien, le vécu, le partage, les habitudes, les confidences, la proximité, la sécurité... La douleur de perdre une personne aimée est l'une des plus cruelles que l'on aura à surmonter, et le travail de deuil commence inévitablement par l'expression de cette violence.

Retenir ses larmes cause un nœud dans la gorge, des crampes dans le ventre, une tension sur le front, un stress pour l'être tout entier. Laisser couler ses larmes est nécessaire, que ce soit discret ou débordant. Avec pudeur, on peut révéler à l'autre la raison de ses pleurs. Il est faux de croire que le chagrin doit se cacher du moins, ce n'est pas toujours le cas. « Ne pleure pas petite » n'est pas une phrase à prendre au pied de la lettre, elle a une connotation tendre qui laisse plutôt entendre : « Ne sois pas inquiète malgré mon absence, je serai toujours là, les mères savent bien comment veiller sur leur enfant, même au loin, même quand il est grand. »

Donner *la permission de partir* est une métaphore et non une formule à prendre d'une manière littérale, comme si l'on donnait en quelque sorte le coup d'envoi au malade pour l'« aider » à mourir. Dans l'esprit de plusieurs proches, ce consentement relève de l'altruisme : on ne cherche plus à retenir la personne aimée, mais à la libérer. Cependant, il arrive un temps où l'ambivalence entre prier pour son départ rapide et implorer sa survie prolongée devient difficile à vivre. En période de deuil, des personnes se sentent responsables d'une mort qu'elles jugent en rétrospective beaucoup trop hâtive. « Elle est morte cinq minutes après avoir reçu ma permission ; l'ai-je fait mourir ? » Nos paroles ne pourraient être seules responsables de l'accélération ou du retard du processus de la mort. Ce serait nous accorder beaucoup de pouvoir. L'idée que d'avoir « verbalisé » au mourant notre permission de mourir ait forcément entraîné sa mort est un mythe répandu. Bien comprises, de telles paroles reflètent une attitude qui laisse libre cours aux événements, une attitude qui ne retient ni ne précipite, qui relève uniquement de la manière d'être là : impuissante, présente, aimante et attentive. Une mère en phase terminale expliquait à ses enfants, en réponse à « leur permission » : « Je m'applique à mourir, je m'y efforce pour nous libérer tous, mais je n'y arrive pas ; ça ne meurt pas ! »

Malgré la réalité de la perte physique, le lien symbolique perdure ; cette formidable capacité non pas de « retenir » mais de resituer la personne disparue en son centre, c'est-à-dire de la réintroduire dans son champ intérieur. La relation ne tient plus alors du palpable, mais de l'invisible qui n'est pas le néant. Le néant propulse vers le vide, l'invisible conduit vers la plénitude. L'enfant pourra restaurer le souvenir lointain de la vie dans le sein de sa mère, en quelque sorte renaître à l'âge adulte, grâce au rite de passage vécu avec son parent. La rupture physique se transforme en une continuité psychique, car « même perdue, sa vie n'est pas achevée[44] ».

On ne perd pas un parent, on le cherche et on le trouve, là où la mémoire le porte. Mais ne plus pouvoir à l'avenir prononcer tout haut le mot « maman » marque une double perte : absence d'étreintes, absence de mots. Cette éventualité rend triste. Quand on vit une perte majeure, elle dévoile

---

[44] BURDIN, Léon, *Parler la mort. Des mots pour la vivre*, Paris, Desclée de Brouwer, 1998, p. 66.

un aspect méconnu de soi, une zone intérieure qui n'avait jamais à ce point été sollicitée ; la découverte s'accompagne d'un sentiment d'étrangeté devant son identité d'orphelin.

Le défi consiste à s'ajuster au processus naturel de mourir qui se déroule devant soi. Mère et fille accueillent les baisses comme les remontées, toutes deux épuisées, encore disponibles l'une pour l'autre, chacune sensible, forte et chagrinée. Mais quand un malade attend encore « une permission » pour « partir »... « il faudrait parvenir à dire : "Va vers toi-même, je suis avec toi" [45]... »

---

[45] DE HENNEZEL, Marie, et Jean-Yves LELOUP, *L'art de mourir. Traditions religieuses et spiritualité humaine*, p. 96.

27

**On dit qu'il est important
de toucher le malade,
mais je n'ai jamais enlacé
mon frère durant sa vie.
Le toucher à ce stade
est-il vraiment nécessaire ?**

Le toucher ne repose pas exclusivement sur le geste. Par exemple, on dira : « La personne que j'ai rencontrée hier m'a beaucoup touché », sans qu'il y ait eu un contact physique. On peut donc toucher l'autre par sa présence, son écoute diligente, ses attentions spontanées. Chacun détient ses propres représentations du toucher. Certaines personnes ont grandi dans des familles où le respect envers les membres comptait comme une valeur essentielle ; être touché, câliné confirme alors l'enfant dans son être profond, son identité se bâtit à même cette expression physique de son importance. Au contraire, l'enfant qui a subi un toucher irrespectueux, envahissant, érotique ou méprisant de la part d'un parent incompétent ou d'un adulte malveillant associera le toucher à une intrusion, à une menace, et deviendra incapable d'en décoder le sens premier pour le reste de sa vie. Ces premières expériences pourront être surmontées lors de rencontres réparatrices ultérieures, sinon, elles demeureront des obstacles majeurs à l'établissement de liens significatifs. La peur de l'intimité qui en résulte empêche une certaine ouverture du cœur et entraîne inévitablement la crainte de l'autre. Alors, les défenses personnelles se rigidifient et affectent graduellement l'investissement relationnel, jusqu'à ce que de nouvelles connaissances et représentations associées au toucher chassent les anciennes et fassent place à des expériences aux vertus salvatrices.

Par ailleurs, sans qu'ils aient nécessairement vécu un épisode regrettable ou traumatisant, certains sont naturellement plus ou moins à l'aise de toucher un proche ou d'être enlacés par lui. C'est une question de personnalité, de comportements appris ou de réflexes, selon les circonstances. Des parents et des enfants aimants et soucieux les uns des autres peuvent manifester leur amour par d'autres signes que le toucher : la communication authentique, l'entraide, l'engagement et la solidarité sont aussi des témoignages de tendresse et de considération.

La survenue de la maladie chez un membre de la parenté peut susciter une nouvelle dynamique familiale et créer des liens plus serrés que par le passé. Une intimité s'installe à cause de la dépendance de l'un et de la sollicitude de l'autre. La nouvelle ambiance familiale favorise le déploiement d'une attitude enveloppante et chaleureuse d'offre et d'accueil. Autrement dit, pour paraphraser les paroles du bioéthicien David Roy, placé devant la souffrance et sensibilisé à elle l'homme met de la poésie dans ses actions. Dans la maladie, la découverte de l'interdépendance humaine et de la sécurité affective ouvre de nouvelles voies.

Le style de vie qui a précédé l'épreuve familiale peut donc se modifier au fil des événements. De façon générale, l'être humain évolue dans un mouvement incessant, dans une croissance psychologique et une quête d'authenticité. C'est pourquoi rien autour de lui n'est jamais fixé pour de bon. Chacun tend vers le meilleur de soi et le cherche aussi chez l'autre. Or, la menace de perdre un proche à cause de la maladie favorise habituellement le rapprochement et l'humanisation des rapports. Tout devient possible. Toucher avec affection un frère malade avec qui le lien n'avait pas réellement été noué fait partie des révélations qui peuvent surgir comme une grâce. Pour le malade aussi. C'est ce qui pousse quelques personnes à dire que la maladie ne déclenche pas seulement une crise majeure, mais recèle aussi une occasion d'éveil à la noblesse du cœur. La vulnérabilité de l'autre nous touche beaucoup plus que sa résistance. La conscience que la maladie n'épargne personne nous encourage à la relation d'aide, à admettre sa nécessité, son précieux secours. Un jour nous aidons comme à notre tour nous serons aidés.

Quand la maladie se montre insidieuse et que sa manifestation échappe en grande partie au malade et à son entourage, les rapports entre les proches ne sont pas encore ébranlés, ils se déroulent comme auparavant. Chaque membre reste sur sa position, sans faire d'éclats. On souhaite que la vie se poursuive et que rien ne soit bousculé, les changements d'habitude ou d'attitude n'étant pas à ce stade forcément requis. Mais quand la maladie menace la vie du malade, toute la maisonnée s'inquiète et cherche à se renouveler. Les mots ne sont pas faciles à trouver pour dire sa peine, sa crainte, ses regrets ou son amour. C'est alors que le toucher devient parole.

L'être humain possède la mémoire sensitive de son séjour utérin, de son arrivée au monde, du type d'accueil qu'il a reçu, des manifestations affectives de la part des siens, ou de leur absence. Pour la plupart des gens, cette mémoire stagne dans l'inconscient pendant que la peau réagit aux caresses, aux accolades, aux attentions ou aux assauts. L'enveloppe charnelle contient une histoire qui est ravivée lorsqu'elle est touchée. La maladie contraint la personne malade à un toucher médical souvent vécu comme une intrusion ou comme un geste agressant (traitements, palpations, interventions chirurgicales, injections, etc.). Le toucher affectif est l'exact opposé de ces gestes. Toute manifestation de tendresse jette un baume sur la douleur physique et sur la souffrance morale de la personne malade.

Le toucher s'éveille très tôt chez l'être humain. Pendant la grossesse, l'enfant connaît une proximité délicieuse avec sa mère : sa peau se presse contre la paroi utérine, il se sent hors de tout danger, à l'abri des intempéries de la vie. En expulsant le placenta, en coupant le cordon ombilical, en donnant la vie lors de l'accouchement, la mère expérimente le vrai détachement et elle le vit parfois comme une perte majeure. De son côté, l'enfant émerge dans un univers qui lui est complètement étranger et il vit la séparation comme un traumatisme. La psychologie qualifie cette expérience de « paradis perdu ». C'est pourquoi le toucher à la fin de la vie devient si important : il donne le sentiment d'une reconstruction psychique, à défaut d'une réparation physique. Il sécurise les grands malades dans leur régression, ceux-ci étant alités, nourris, soignés, complètement abandonnés aux soins qui leur sont prodigués. Cette dépendance requiert de part et d'autre une humilité aimante. Le travail du trépas ressemble étrangement au travail de gestation. Alors qu'un être arrive par le ventre maternel, l'autre quitte par « le ventre de la vie ». Ceux qui ont accompagné le malade assistent à ce dernier accouchement, si difficile à mettre en mots : « Une tentative de se mettre complètement au monde avant de disparaître, comme s'il s'agissait d'accoucher enfin de soi-même[46]. » Le toucher, la sécurité affective, la compétence dans les soins, la présence à l'autre, l'amour et la compassion constituent une assise indispensable à cet accomplissement. Le geste permet d'accompagner la difficile traversée du mourant. Il permet de le tenir tout en assurant notre pas. Une étreinte se fait à deux, même quand un des deux n'a plus la force de tenir l'autre. Dans cette dernière danse muette, le grand malade trouve le courage de partir et l'autre, celui de rester.

---

[46] DE M'UZAN, Michel, « Le travail du trépas », dans *De l'art à la mort*, Paris, Gallimard, 1977, p. 182-199 ; texte repris dans DE HENNEZEL, Marie, et Johanne DE MONTIGNY, *L'amour ultime*, Montréal, Stanké, 1990, p. 31, et Paris, Hatier, 1991, p. 28.

28

**Les jours de ma collègue sont comptés.
Malgré nos liens significatifs depuis 20 ans,
elle refuse de me voir. Dois-je insister ?
Comment lui faire comprendre
qu'il m'importe de lui dire au revoir ?**

Une situation semblable me revient en mémoire. Elles étaient un groupe d'amies inséparables ; elles s'étaient également connues au travail. L'une d'entre elles avait dû quitter ses fonctions pour entreprendre des traitements contre le cancer. Elle n'a plus donné de nouvelles à ses amies. Inquiètes, celles-ci ont fini par découvrir que leur compagne avait été admise en soins palliatifs. Elles ont tenté de la rejoindre par tous les moyens, mais en vain. Puis elles ont été informées qu'elle ne voulait voir personne, qu'elle n'en avait ni le goût ni l'énergie. Les membres du groupe m'ont contactée pour me faire part de leur tristesse et de leur désir de la voir. Elles m'ont demandé d'explorer pour elles la possibilité d'une rencontre avec leur amie malade au moment qui lui conviendrait. La patiente a accepté de me recevoir et m'a répété qu'elle ne voulait voir personne, son choix étant résolument clair. Elle tenait à ce que ses amies gardent un souvenir du plaisir vécu au travail et de belles sorties. « Je refuse de me laisser voir dans mon déclin physique. Je ne veux pas attirer la pitié ni assumer leurs regrets. Je veux mourir seule, et ce sera bien ainsi. » Je lui ai offert mon soutien psychologique. Elle a tout refusé, ne consentant à recevoir que les soins essentiels. Je lui ai demandé si je pouvais transmettre son message à son groupe d'amies, et elle a dit oui.

Mon appel les a profondément déçues, car elles s'attendaient à ce que les événements prennent une autre tournure, elles espéraient la possibilité d'aller dire merci et au revoir à leur grande amie. Voyant leur détresse, je leur ai proposé quelques alternatives, dont la plus importante : « Venez me rencontrer, venez me parler d'elle, me dire ce que vous auriez souhaité lui livrer comme dernier message. Parlez-moi de vos souvenirs inoubliables, apportez quelques photos, venez me préciser ce qui vous fait mal. » Cette rencontre a eu la fonction d'un rite au cours duquel ces femmes ont fait le mémorial de leur relation avec leur amie, ce qui a facilité leur deuil anticipé, jusque-là obscurci par l'interdiction des visites. Elles ont pleuré, m'ont remis une carte à son intention et elles sont reparties, le cœur chargé d'émotion.

Cette anecdote ressemble étrangement à ce que vous vivez, mais sans le groupe. Vous portez le manque en solitaire. C'est dur, très dur pour vous, mais vous n'avez pas le choix. Avec le temps, votre amie pourrait changer d'avis, mais peut-être pas. Il vaut mieux faire face à ces deux éventualités et rester disponible sans insister. L'écriture d'une lettre compense l'absence d'un échange verbal. Mentionnez-lui par écrit ce que vous souhaitez lui exprimer tout haut. Votre témoignage d'affection sans attente de retour lui accordera une paix par rapport à son choix.

Redonner à votre amie une liberté qui lui a littéralement été confisquée à l'annonce de sa mort imminente est peut-être le soutien le plus précieux que vous puissiez lui offrir. La générosité totale passe parfois par la privation personnelle. C'est le propre de l'amour. Dans les derniers instants de sa vie, Christiane Singer disait : « Je crois que la seule chose sensée à faire est d'aimer, de s'exercer à aimer jour et nuit, à aimer de toutes les manières possibles[47]. »

Penser à la personne malade n'est pas banal, c'est comme une prière, qui consolide le lien, même quand on est loin. Se relier à l'autre par la pensée pallie l'absence physique. Parfois, la pensée et le silence triomphent des paroles et des présences. Il est possible de célébrer l'histoire de l'autre au fond de soi, de se la remémorer et de faire ressurgir ses souvenirs à l'échelle de l'instant. Ne pas chercher à comprendre, mais simplement vivre et savourer les sentiments.

Pouvoir dire au revoir est une chance, et la manière de le faire prend plusieurs formes. Les personnes qui ont perdu un proche par suicide, par mort soudaine ou par disparition réussissent parfois à lui transmettre un au revoir même en son absence. La lettre adressée au défunt, la lecture d'un poème, l'écoute d'une chanson reflètent la relation qui a préexisté. Elle se formule à l'intérieur de nouveaux cercles d'amis. Tout se perpétue par le biais d'autrui.

Quel serait donc le moyen original de contacter l'amie ? La pensée, le silence, le début d'une lettre empreinte de patience ? Pas de reproches, pas de regrets, pas d'amertume, une simple lettre qui pourrait bien commencer ainsi :

« L'amour nous offre la chance de mourir sans avoir à y laisser la vie ! Et cela chaque fois de neuf, car la réalité,

---

[47] SINGER, Christiane, *Derniers fragments d'un long voyage*, p. 53.

pour entrer dans sa floraison et sa délivrance, a besoin de ces ponctions d'éternité que seuls ceux qui aiment sont capables de lui donner[48]. »

---

[48] Singer, Christiane, *Où cours-tu ? Ne sais-tu pas que le ciel est en toi ?*, p. 61.

29

Pourquoi ne pas recourir à l'euthanasie ou au suicide assisté plutôt que laisser le malade souffrir ?

Il importe, dans un premier temps, de bien définir ces deux concepts : l'euthanasie est un « acte qui consiste à provoquer intentionnellement la mort d'autrui pour mettre fin à ses souffrances », et le suicide assisté « le fait d'aider quelqu'un à se donner volontairement la mort en lui fournissant les moyens de se suicider ou de l'information sur la façon de procéder, ou les deux[49] ».

Quand les sondages formulent la question en termes de « pour » ou « contre » l'euthanasie, c'est un peu comme si l'on demandait à la population : êtes-vous pour ou contre l'amputation ? L'euthanasie de qui, l'amputation de quoi ? Il n'est pas si simple – ou il est peut-être trop simple – d'y répondre quand on n'est pas touché de près par une aussi grave décision. Apposer un X sur un papier qui ne concerne personne dans son entourage n'a pas la même signification que si la demande s'effectue au chevet

---

[49] Commission spéciale sur la question de mourir dans la dignité (CSMD) de l'Assemblée nationale du Québec, Document de consultation, Place aux citoyens, Montréal, mai 2010, www.assnat.qc.ca.

de sa grand-mère, de son père ou de son frère jumeau. Et quand les sondages précisent : « Si vous aviez des douleurs atroces durant le processus de mourir, souhaiteriez-vous que l'euthanasie vienne vous en délivrer ? » Qui ne répondrait pas oui à cette offre, s'il ne sait pas qu'il existe d'autres options pouvant aider à soulager les douleurs physiques ou à apaiser la souffrance morale des grands malades ? Toute personne qui a perdu un proche dans une unité de soins palliatifs, ou encore à domicile avec les soins d'une équipe spécialisée, connaît bien les moyens disponibles pour assurer la meilleure qualité de fin de vie possible au malade.

Mais il est vrai que ces services et ces équipes de soins sont présentement en nombre insuffisant et que les autorités doivent s'en préoccuper en priorité. C'est plutôt là que se trouve la réponse aux problèmes actuels qui nous entraînent dans des zones grises. Les soins palliatifs ont été conçus pour assurer de bonnes pratiques médicales : soulager la douleur physique, apaiser la souffrance morale, éviter l'acharnement thérapeutique et donner du confort au malade. L'euthanasie ne constitue pas un soin, c'est une élimination, sans équivoque. Elle ne règle pas un problème mais l'évite. Qu'est-ce qui se cache derrière cette demande ? Le manque de ressources, la recherche d'un nouveau pouvoir, le manque de disponibilité, de patience, de connaissances, de générosité, d'argent, de temps ? La tentation de la facilité, l'exclusion, les motifs pécuniaires et le désengagement envers nos proches malades ou la population vieillissante et dépendante risquent de nous entraîner dans des dérives et des écueils :

- Le sentiment illusoire de toute-puissance découlant de la capacité à donner la mort, en réponse à l'incapacité de guérir le malade.

- L'illusion de maîtriser le temps plutôt que de poursuivre de quelques jours à quelques semaines le processus naturel de mourir.
- L'inconscience des impacts qu'a une mort volontairement bâclée sur l'entourage, le personnel soignant et la société.
- Le sentiment de culpabilité déjà reconnu comme associé au deuil, et plus redoutable encore si la mort a lieu par injection létale.
- Les abus lors de la sélection des personnes qui en auront fait la demande officielle. Une telle demande pourrait être influencée par l'humeur dépressive ou l'anxiété, l'isolement dû à l'absence ou à la lenteur des services, un âge avancé et la perte d'autonomie qui en découle, la peur d'être abandonné par les siens ou de devenir un fardeau financier.

Toute société qui se respecte a l'obligation de mettre en place des alternatives à l'euthanasie. Pour y arriver, il faut augmenter les ressources et les services en soins palliatifs, moyennant des efforts de la part des décideurs, une volonté populaire et un mouvement de compassion envers les malades. Le perfectionnement du personnel soignant, le soutien aux proches aidants et la formation de bénévoles motivés figurent parmi les besoins urgents de notre réseau de la santé.

En ce qui a trait au « suicide assisté », l'expression même donne des frissons quand on pense qu'il est de notre responsabilité de porter secours à celui qui attente à sa vie, de prévenir son suicide. C'est le monde à l'envers. Pendant que nous nous réjouissons – à la suite d'un tremblement de terre survenu dans un pays lointain – que des secouristes retrouvent une vieille femme de 90 ans vivante sous les décombres après plusieurs jours sans eau, sans nourriture, nous songeons chez nous à éliminer nos intimes parfois beaucoup moins âgés et surtout moins démunis qu'à l'étranger. Celle qui nous est complètement inconnue réussit à nous toucher au bulletin de nouvelles. Elle a courageusement survécu au pire ; il lui manque peut-être un bras ou une jambe, mais qu'importe, nous saluons sa vie frêle, son héroïsme, et nous souhaitons qu'elle survive afin de retrouver les siens. Nous admirons le fait que des sociétés dépourvues d'effectifs pour assurer les soins nécessaires s'entraident néanmoins et sourient par-delà le malheur.

Dans nos pays riches, industrialisés et éduqués, au contraire, selon les sondages, il semble que nous ne souhaitions pas particulièrement une longue vie à nos malades. Nous explorons au contraire la possibilité que les médecins puissent les achever en cours de route ou encore leur fournir les munitions requises pour s'éliminer eux-mêmes. Pourquoi la survie d'une femme étrangère compte-t-elle à ce point pour nous, alors que la vie d'une personne ici semble de plus en plus perdre de sa valeur ?

L'histoire personnelle de chaque individu n'est pas banale ; elle détermine ses représentations de la mort et parfois oriente sa position sur ce sujet qui soulève des émotions, des débats passionnés, de l'agressivité, souvent dans une absence de vision plus éclairée des enjeux et des impacts à long terme de l'euthanasie et de l'assistance au suicide. La réflexion mérite d'être poussée encore plus à fond. Nous sommes terriblement influencés par notre nouveau rapport au temps (le sentiment d'urgence est omniprésent et les nouvelles technologies de communication favorisent le fonctionnement à haute vitesse dans un monde virtuel), nous nous efforçons systématiquement d'accélérer nos prises de décision. Le logiciel l'emporte sur le spirituel, la réaction sur la réflexion et l'isolement sur la communauté.

Nous sommes contraints de décider dans l'instant ce qui conviendrait à une étape qui, pour le moment, échappe à l'expérience. Certaines questions peuvent aider à saisir en quoi l'histoire personnelle peut teinter le regard porté sur l'euthanasie.

– Avons-nous personnellement déjà songé au suicide ou tenté de mettre fin à notre vie dans un moment de détresse ? Ou avons-nous entendu les récits de survivants au suicide ?

– Avons-nous perdu un être important par suicide ou avons-nous connu une personne en deuil à cause d'un suicide ? Si oui, comment qualifions-nous de telles expériences ?

– Avons-nous eu l'occasion d'accompagner une personne atteinte d'un déficit cognitif important, mais dont la présence affective aura permis un rapprochement et un enseignement inestimable sur nous-mêmes, sur la vie ?

– Avons-nous eu la vie sauve grâce à une intervention médicale *in extremis* dont les résultats se sont avérés hautement positifs ?

– Notre penchant pour la vie est-il plus fort que notre instinct de mort ?

– Sentons-nous le besoin d'être en contrôle ou au contraire d'être contrôlés par les autres ?

– L'inconnu ou l'imprévu sont-ils pour nous une source d'anxiété ou de curiosité ?

– Quel est notre rapport à la solitude, à la relation, au silence, au partage et à l'intimité ?

– Avons-nous déjà été confrontés à nos propres contradictions, comme craindre d'être un fardeau pour nos proches et, parallèlement, ressentir très fort l'angoisse d'être abandonné par eux en cas de maladie ?

– Avons-nous éprouvé deux craintes antinomiques, celle d'être un témoin impuissant de la mort d'un proche et celle de rater son dernier souffle ?

Ce sont là quelques pistes de réflexion utiles pour comprendre le risque de distorsions qui peuvent survenir quand il s'agit d'aborder l'euthanasie et le suicide assisté comme phénomènes de société. Quel est le message que nous voulons laisser derrière nous en quittant ce monde ? Quelles sont les traces dans lesquelles nous souhaitons voir nos successeurs avancer ? Avons-nous pris le temps de sonder le sentiment de nos proches avant que ceux-ci ne deviennent les complices d'une demande d'euthanasie ?

De nos jours, on cherche à éviter la souffrance existentielle, qui fait pourtant aussi partie de l'existence humaine, où le bonheur côtoie le malheur, où le bon coup succède au coup dur. Vouloir éradiquer la souffrance en éliminant les individus souffrants relève de la pensée magique.

J'ai en tête le souvenir d'un grand-père de 60 ans. Libéré de ses douleurs physiques par la médication et ayant eu une vie familiale heureuse, il déplorait cependant le fait qu'en soins palliatifs nous ne souscrivions pas au geste euthanasique. Il se disait prêt à mourir, ici et maintenant. Sa demande était formelle. Nous en avons discuté. Il cherchait un sens à la fin de sa vie. Je n'étais pas à son chevet pour le convaincre de quoi que ce soit, j'étais là pour porter ses questions. Après un moment de silence, j'ai levé la tête et mon regard s'est posé sur le dessin d'un enfant. Il était signé « Sabrina, 4 ans ». Sa petite-fille avait dessiné un lit de fer dans lequel un personnage « allumette » était allongé. Son dessin était également traversé par un cœur immense portant le nom de « papi ». Je lui ai dit : « Votre fin de vie sert de modèle à votre petite fille. En faisant face à une mort annoncée même à une date imprécise et à une heure inconnue, vous lui signifiez que l'être humain a la capacité de vivre ce qui lui arrive, incluant la venue de sa mort sans devoir la précipiter. Par votre présence, vous lui donnez l'occasion de vous découvrir et de vous aimer dans votre vulnérabilité. Sans hésiter et sans crainte, elle saute dans votre lit, elle s'allonge à vos côtés, elle démystifie l'hôpital et ses grands malades ; vous lui permettez d'apprivoiser la mort et d'exprimer son deuil anticipé, elle vous offre en retour ses dessins comme des paroles d'enfant. Peut-être que votre séjour en soins palliatifs n'aura servi qu'à cela, à offrir un legs affectif inestimable à vos successeurs qui marcheront dans vos pas, des souvenirs importants pour une enfant qui, adulte, aura peut-être une attitude moins révoltée ou plus pacifiée face à la mort et la perte. » Le fait de ne vivre et ne mourir que pour soi expliquerait en partie la détresse des individus qui, repliés sur eux-mêmes, ne peuvent voir au loin et apprécier la portée de leur schème de pensée, de leur influence, de leur enseignement.

Au Québec, il existe déjà une loi nous autorisant à refuser un traitement comme la chimiothérapie ou la réanimation. De plus, à la suite de l'expertise du médecin traitant et avec l'accord de son mandataire, une personne peut être débranchée du respirateur artificiel si son cerveau ne fonctionne plus. On peut se suicider sans l'aide de qui que ce soit, cesser de manger pour accélérer le processus de la mort, mais plus encore, en cas de douleurs insoutenables, on peut obtenir la sédation palliative (administration d'une médication puissante dans le but de soulager la douleur en rendant le malade progressivement inconscient). Alors, pourquoi demanderions-nous encore à un tiers de pousser à notre place sur une seringue fatale ou de nous apporter la potion létale afin qu'il puisse assister à notre mort volontaire en direct ? Si cette mort n'a rien de violent en apparence, je crains qu'elle ne fasse violence aux survivants. Nous n'avons pas assez de recul pour en saisir toutes les conséquences chez les proches en deuil. Le psychiatre Marco Vannotti nous met en garde : ayant suivi des familles qui avaient eu recours au suicide assisté en Suisse, il a constaté que trois personnes se sont supprimées quelques mois après avoir été de simples témoins de cet acte, ou après y avoir plus directement participé en fournissant les munitions nécessaires pour « aider » une personne de leur parenté à mettre fin à ses jours[50].

La question demeure délicate, épineuse, et nécessite une réflexion en profondeur. Avant de lever un interdit qui à ce jour contribue à protéger notre société de gestes abusifs ou barbares, peut-être devrions-nous poser la question autrement : pousseriez-vous sur la seringue vous-même si le geste était légalisé ?

---

[50] VANNOTTI, Marco, professeur, auteur, psychiatre de liaison, Polyclinique médicale universitaire, Lausanne (Suisse), *Les dimensions du lien dans l'art du soin* (allocution en plénière) et *Les méthodes analogiques dans la supervision clinique* (allocution en atelier) au 20ᵉ congrès du Réseau québécois de soins palliatifs, Québec, 10 et 11 mai 2010.

30

Les infirmières insistent
pour que j'aille me reposer à la maison ;
je reste constamment au chevet
de mon mari mourant.
Mais quand je suis à la maison,
je pense à lui et je tourne en rond.
Est-il vraiment nécessaire de prendre
du recul, il en a pour si peu de temps.

L'infirmière a le souci de prendre soin des personnes qui lui sont confiées. Même s'il porte une attention particulière aux besoins du grand malade et tient compte de ses désirs et volontés comme de ses priorités, le personnel en soins palliatifs, toutes disciplines confondues, se mobilise aussi pour soutenir les proches et veiller à leur bien-être. Les infirmières en soins palliatifs ne ratent aucune occasion de prendre soin d'un proche qui accompagne assidûment le malade. L'infirmière a spontanément tendance à guider la personne pour qu'elle prenne soin d'elle-même, tout en prenant soin de l'autre. Mais vous avez raison, malgré la fatigue morale et physique que nous accumulons inévitable-ment dans pareilles circonstances, négliger les bons conseils attesterait en quelque sorte de votre amour inconditionnel pour votre conjoint mourant. Fort heureusement, l'être en bonne santé jouit d'une réserve énergétique qui se déploie dans des moments cruciaux et exceptionnellement exigeants. Aussi, lors de certains passages de la vie, comme la perte prochaine d'un être cher, nous mettons de côté la sagesse qui nous porte à penser à nous-mêmes. Le cœur de l'accompagnante demeure avec son bien-aimé. Plus tard, elle pensera à elle-même.

L'accompagnement est un temps fort. La moindre ressource disponible est sollicitée afin d'en maximiser la qualité. L'engagement de l'accompagnant est à la fois exigeant et tonifiant, parce qu'il est le dernier que celui-ci pourra offrir à la personne en fin de vie. La privation d'un temps de répit est compensée par l'augmentation du nombre d'heures précieuses passées au chevet de la personne qui compte parmi les plus importantes de sa vie. D'autres, à cause de leur santé ou d'engagements incontournables, ne peuvent offrir un accompagnement à temps plein à leur proche, et c'est parfois avec beaucoup de regret. Aucune formule standard ne s'applique à tous ; les situations varient d'une famille à l'autre, et chacun doit composer le mieux possible avec le décompte. Pour une personne qui va perdre un être cher, le temps n'a plus rien de commun avec la vie « ordinaire ». Dans ce sens, chacun s'occupe le mieux possible de ce qui, dans ces moments critiques, lui apparaît prioritaire.

Accompagner un malade, c'est l'entourer, le soutenir moralement et physiquement à la fin de sa vie. L'accompagnant en santé offre ses forces à la personne qui les perd. Rien dans la dynamique familiale ne ressemble plus à la vie sécurisante d'autrefois. La vie de la personne malade a basculé, celle du proche aidant y est littéralement suspendue.

Les habitudes cèdent la place à des soins sur mesure, et une réorganisation magistrale s'impose. La perte de la routine déstabilise la plupart des membres d'une famille éprouvée. L'adaptation à cette situation n'est jamais linéaire, ou comparable à des cas semblables ; elle bouscule et demande un ajustement permanent. Il est si difficile d'imaginer son monde en l'absence de son complice de toujours. La perspective de le perdre renforce la détermination à lui offrir une présence assidue. C'est comme si la conjointe disait : « J'aurai suffisamment de temps pour me reposer après, une vie est en jeu et ce n'est pas encore la mienne. Dès que je m'éloigne de mon amour, mon souci est d'autant plus grand que lui ne peut même pas bouger. » Ne pas être présent pour accompagner le malade suscite parfois une anxiété plus grave que la fatigue morale et physique accumulée. Il faut faire des choix difficiles et saisir le moins dur à vivre pour soi, même si les autres, bien intentionnés, ont leur propre vision des choses. Le couple avance dans un univers obscurci et cherche inlassablement son puits de lumière. Le proche aidant se découvre des forces cachées et il les utilise à bon escient. Prodiguer des soins continus l'amène aussi à être inventif, à oser une parole qui vient du fond du cœur, à poser ses gestes avec tendresse et précaution, à reprendre contact avec le corps malade, à sonder les nouveautés de l'être affaibli. La vie intime se déroule loin des foules et du connu. Le couple choisit la discrétion pour célébrer des années d'affection, même si des malentendus sont parfois survenus.

L'art de se reposer à deux, malgré le chaos, malgré les heures qui s'éternisent ne ressemble en rien à la détente habituelle. Les proches, quand ils dorment, restent aux aguets. Le moindre son attire leur attention. L'accompagnement d'un malade en phase terminale a quelque chose de profondément spirituel : jusqu'au bout, c'est une occasion de contempler sa part d'énigme, de mystère. « Ceux qui accompagnent un mourant s'adressent à lui avec considération ; s'ils le respectent dans tout l'invisible de la personne, son intimité, son secret, son mystère, s'ils font confiance, contre toutes les apparences, à la force intérieure qui est à l'œuvre chez lui, on peut dire qu'ils intègrent la dimension spirituelle dans leur accompagnement... Cela se résume ainsi : présence, écoute, confiance[51]. » Cette présence toute spéciale, peut-être parce qu'elle ne ressemble en rien à la vie sans remous, permettra-t-elle de tenir bon en dépit de la fatigue ?

Amour, sens du devoir et fidélité sont des motivations suffisamment puissantes pour tolérer le surmenage, pour reporter après le décès de son proche sa propre récupération. Si l'état de santé de l'accompagnant ne lui permet pas une présence assidue, alors il cheminera avec l'autre par la pensée, même en étant loin. Cette présence par la pensée peut être constante.

Par les voies de l'accompagnement, les dispositions relationnelles se transforment et le proche découvre un nouveau mode de présence, plus subtil, moins apparent, mais toujours possible. Pendant que l'un se prépare à partir le plus dignement possible, l'autre s'apprête à rester seul et il offre son courage de vivre à celui qui va mourir. Ils puisent leur courage l'un dans l'autre, car, à ce stade, être en vie peut sembler aussi pénible qu'être en train de mourir. Accompagner voudrait donc dire « laisser partir » au

---

[51] DE HENNEZEL, Marie, et Jean-Yves LELOUP, *L'art de mourir. Traditions religieuses et spiritualité humaniste face à la mort aujourd'hui*, p. 28, 29.

moment opportun. On a naturellement tendance à retenir celui qui meurt. C'est dire que l'art d'aimer implique indubitablement la force de perdre l'être cher et de le réinvestir en aimant la vie.

31

Je veux aider un grand ami qui va bientôt mourir. Mais comment savoir ce qu'il attend de moi ?

Peut-être faudrait-il lui poser cette question : « J'ai du temps pour toi, j'aimerais pouvoir t'aider, faire quelque chose, à tout le moins être là. Est-ce que tu peux me guider : qu'est-ce qui te ferait du bien, et qu'est-ce que tu ne souhaites pas recevoir ? » Si l'ami répond : « Fais pour le mieux, je ne sais pas quoi te dire », alors les deux établiront une entente laissant beaucoup de latitude et garderont une volonté de réajustement au fil du temps. Parce que tout ne peut être prévu d'avance, il faut se préparer à modifier en tout temps son engagement. Un programme trop chargé, par exemple des visites régulières, pourrait envahir l'ami ou gêner ses proches. La sensibilité et l'intuition sont des guides précieux pour discerner la meilleure option, jauger la proximité juste. Il convient aussi de poser des questions à l'ami que l'on croit connaître, mais qui change à cause de la maladie. Une réflexion de Christian Bobin peut nous aider ici : « Ce qu'on sait de quelqu'un empêche de le connaître[52]. » Au fond, cela

---

[52] Bobin, Christian, *Le très-bas*, Paris, Gallimard, 1992, p. 12.

s'applique à tous ceux que nous connaissons, car l'être humain se révèle à tout moment. Il se renouvelle, en quelque sorte il renaît, il étonne ou déçoit autant qu'il éblouit. Il faut se tenir prêt à le redécouvrir à chaque rencontre. Et quand l'ami « tombe » malade, il ne sera plus comme avant ; vous êtes face à un ami encore plus changeant.

Il y aura des silences, beaucoup de silences, mais il y aura aussi des mots, quelques mots. Certains seront apaisants alors que d'autres laisseront pantois, de part et d'autre. Chose certaine, les paroles qui réconfortent naissent habituellement dans le creuset de la rencontre. Au préalable, il faut se libérer de la peur de dire une bêtise, car personne n'est exempt de commettre un impair ou une bévue ; surtout, on ne peut pas deviner la disposition intérieure d'une personne aux prises avec la maladie ; il arrive qu'elle réagisse mal à une phrase que l'on croyait inoffensive. Quoi qu'il en soit et malgré ses réactions, l'ami demandera avant tout que vous soyez naturel et authentique avec lui. Il s'agira d'accueillir les accès de tension autant que les moments de détente. Si le malade est agressif, c'est que son combat à la longue l'épuise. Il souhaite se montrer tel quel, comme il se sent, comme il va ce jour-là, avec la personne qui l'accompagne. Il travaille à se détacher, à quitter ceux qui l'entourent, à faire des deuils multiples, à verbaliser ses derniers messages, à taire ce qui l'effraie aussi. Il lui reste si peu à perdre, il a presque tout perdu. Il faut entretenir le goût d'aider et agir avec compassion. Et si on le peut, si l'occasion se présente, y intégrer un brin d'humour.

La pensée est un trésor qui remplace des activités devenues impossibles. « La pensée est cette merveilleuse fonction par laquelle nous pouvons évoquer un événement en son absence, anticiper ses conséquences avant qu'il se produise, dépasser les limites du temps et de l'espace. Grâce à elle, nous avons aussi le pouvoir d'imaginer des situations qui n'ont jamais existé, d'inventer des solutions nouvelles et de créer. La pensée est l'outil le plus raffiné dont nous disposons pour faire face à l'angoisse[53]. » Alors, on pense à deux, dans un lieu dénudé mais non inhabité, dans une solitude partagée, dans une solidarité indicible. Il faut se tenir prêt à toutes les éventualités, la venue de la mort pourrait surprendre.

Le silence et l'écoute sont aussi des maîtres. L'écoute, cette disposition discrète et rarissime, un luxe par les temps qui « courent », demeure sans nul doute le cadeau le plus riche, car, même si le malade se tait, il espère l'écoute de son silence. Je crois sincèrement que la plupart des malades préfèrent une présence silencieuse aux plus beaux mots. L'aidant devine que, pour l'ami malade, parler est exigeant, épuisant. Une écoute paisible facilite la parole, parce que, même silencieuse, elle est active, consciente, respectueuse, sans prétention. L'ami malade ne s'attend pas nécessairement à un commentaire ou à une réponse, il espère une qualité de contact. « Comment entendre avec suffisamment d'écho pour permettre à celui qui parle d'écouter ce qu'il dit[54] ? » Entendre la parole de l'ami, ne pas le juger, ne pas conseiller, ne pas tout ramener à ses propres expériences et ouvrir grand son espace à l'autre. L'accompagnement consiste donc à « écouter le silence de l'autre jusqu'au moment périlleux où vous prendrez non pas la parole, mais le

---

[53] BRILLON, Monique, *La pensée qui soigne. Que savons-nous du pouvoir des émotions ?* Montréal, Les Éditions de l'Homme, 2006, p. 119.

[54] SALOMÉ, Jacques, *Relation d'aide et formation à l'entretien*, France, Presses universitaires de Lille, 1992, p. 46.

risque de la parole[55] ». Alors peut-être oserez-vous quelques mots tendres ?

> – Je ne sais pas quoi te dire, mais tu pourras toujours compter sur moi.
> – J'ai de la peine, ta situation me touche profondément, mais je me sens capable de t'accompagner, de suivre ton rythme ; fais-moi signe quand tu auras besoin de ma présence.

En revanche, certaines paroles sont plus maladroites :

> – On se donne sa maladie ; c'est pourquoi il t'est encore possible de guérir.
> – Si j'étais à ta place, j'exigerais l'euthanasie ; ce que tu traverses est inhumain.
> – C'est injuste, tu es si jeune, toi, une si bonne personne.
> – Je voudrais que tu redeviennes comme avant, que tout, d'ailleurs, soit comme avant.
> – Dommage que tu n'aies pas consulté à temps.
> – Au fond, c'est la mort qui va te sortir de là, ta vie n'a plus beaucoup de sens.
> – Je ne sais pas comment tu fais, à ta place, je hurlerais.

L'accompagnement n'est pas une tâche facile. Il comporte certains risques, comme celui de nous tromper, mais quand c'est le cœur qui dicte notre conduite, nous pouvons nous y fier. Soyez sans crainte, il est toujours possible de se reprendre, de s'expliquer, de s'excuser. Qui ne dit rien ne risque rien, mais est-ce réaliste ? Est-ce même souhaitable ? Étonnamment, ne rien dire n'est pas la même chose que faire silence. La première attitude crée un malaise, alors que la deuxième répand la paix. Le détachement de ce qui faisait la vie avant fait soudainement et paradoxalement

---

[55] TALEC, Pierre, *La sérénité*, p. 98.

réapparaître la persistance de l'attachement, et la force du lien prédomine. Quand le don de soi devient comme un aveu d'amour, sans attente de retour, sans précipitation, l'amitié, respectueuse et confiante, règne.

IV

LA FIN DE LA VIE

32

Quand la guérison est impossible, la vie qui reste a-t-elle un sens ?

Une chambre d'hôpital peut engendrer l'inouï.
Gabriel Ringlet

Le sens que nous donnons aux événements fait office de transition entre l'épreuve et son dénouement. Le sens procède d'une lente construction personnelle ; on le fabrique, le module, le transpose et l'utilise comme point de repère pour se redéfinir ou pour élaborer un nouveau scénario de vie. Le sens que nous accordons à une épreuve ne peut nous être prescrit, il émane de notre propre vision des choses. Le sens n'est pas statique, il bouge constamment au cours des expériences que nous faisons. « La vie ne tolère à la longue que l'impromptu, la réactualisation permanente, le renouvellement quotidien des alliances. Elle élimine tout ce qui tend à mettre en conserve, à sauvegarder, à maintenir intact, à visser au mur[56]. » Personne n'est épargné du temps de souffrance qui précède le sentiment d'une tranquillité retrouvée. Il paraît long, le temps au cours duquel l'éprouvé ressent son histoire comme dépourvue de sens. Pour lui, c'est un temps mort,

---

[56] SINGER, Christine, *Où cours-tu ? Ne sais-tu pas que le ciel est en toi ?*, p. 47.

un temps habité par une étendue de souffrance inévitable, stérile, où prévaut la nostalgie de la vie avant la maladie.

Pour certains, la phase terminale n'a aucun sens, puisque c'est la fin ; quoi que l'on fasse, le processus est implacable. Comment espérer quand l'itinéraire est établi d'avance ? Pour d'autres, la guérison n'a pas davantage de sens ; je l'ai encore mieux compris le jour où j'ai rencontré un malade dont la tumeur au cerveau était, d'après les examens, assurément fatale. Il avait néanmoins parcouru un long chemin de traitements et d'interventions aux résultats infructueux. Il a prié, accepté l'aide psychologique, s'est préparé au grand départ et a finalement accepté l'imminence de sa mort. Il a mis ses papiers en ordre, vendu sa maison, distribué ses effets personnels, prononcé ses derniers mots. Puis, contre toute attente, sa tumeur s'est résorbée, ses douleurs ont disparu ; on lui a même dit qu'il pouvait rentrer à la maison, que le pronostic avait basculé depuis les derniers clichés. Tout le monde criait au miracle, mais le malade s'appliquait pour sa part, tant bien que mal, à se réorienter. Le sentiment d'avoir été trahi l'a totalement envahi ; il regrettait d'avoir résolument consacré tant d'énergie au processus de mourir, au détriment de sa survie. Il n'arrivait pas à se réjouir de ce que son entourage célébrait avec prudence. Parmi ses très proches, qui eux aussi avaient pris la voie unidirectionnelle du premier pronostic, quelques-uns ont redouté une erreur de dossier. Ils n'osaient plus réagir, au cas où... Ses proches se sont cotisés pour le reloger et l'aider à rebâtir une vie soudainement dépourvue de sens. D'autres ont insisté pour lui redire quelle chance il avait, mais le malade, lui, ne parvenait pas à s'emballer. Placé devant le formidable et l'absurde, il a ressenti la honte d'avoir entraîné ses proches sur une fausse piste. Il revoyait leur chagrin, et leur révolte, et ce temps où il les assurait de sa sérénité et de son acceptation chèrement gagnée. Un si long chemin, disait-il, pourquoi ? Et il ne cessait de répéter : mon histoire n'a aucun sens.

Ce cas exceptionnel démontre que le sens perçu par l'un ne l'est pas nécessairement par l'autre. Il avait été si ardu pour le malade de sortir du déni de la mort et d'entrer dans l'acceptation de sa situation que sa guérison venait le désorganiser complètement. Je raconte cette anecdote plutôt inusitée pour démontrer à quel point le sens que nous donnons aux événements n'est jamais tout à fait définitif, à tout moment il peut changer. Une femme en phase terminale à qui je demandais : « Pour vous, la vie a-t-elle encore un sens ? » me répondit du tac au tac : « Mais oui, regardez, je respire ! » Elle était sereine, calme, rassurée, patiente, ses précieux souvenirs encore frais à sa mémoire, touchée par la présence des siens, plongée dans la gratitude envers le personnel pour les soins qui lui étaient prodigués, intéressée par la musique ambiante ; en plus, elle a gardé l'appétit jusqu'à la quatrième journée avant sa mort. À partir de ce moment-là, elle s'est engouffrée dans un sommeil de plomb. La tâche de respirer s'est corsée tout juste avant qu'elle pousse son dernier souffle. Je m'y suis attardée. J'ai écouté son silence. Pour elle, ne pas respirer, c'était une absence de sens ; pour moi, c'était un repère. Je mesure la grandeur du privilège que nous offre le mourant en se laissant voir dans ses derniers retranchements. Je voudrais mourir comme cette femme, sans faire de bruit, en appréciant la vie et ses derniers moments. Détendue, humble, rassasiée. « Peut-être la mort de ceux que nous avons accompagnés nous aidera-t-elle le moment venu[57]. »

---

[57] DE HENNEZEL, Marie, *La mort intime. Ceux qui vont mourir nous apprennent à vivre*, p. 114.

Le processus de la mort n'a rien de facile, pas plus que la vie d'ailleurs. Toutefois, on observe chez le malade, dans les jours qui précèdent sa mort, une sorte de libération, il est affranchi de son angoisse. Cette angoisse devant la mort, qui surgit à différents moments le long de la vie, l'angoisse de ne pas savoir quand ou comment on sera fauché par elle. Or, plus la fin approche, plus on se déleste de cette angoisse. Ce n'est peut-être pas le cas chez tous, mais chez plusieurs. Justement parce que le mourant sait enfin ce qui lui arrive, il a une meilleure idée de la façon dont il va partir ; il perce le mystère avec parcimonie, un mystère qui bouleverse même ceux qui se pensent encore loin de la mort. Petit à petit, l'art de mourir fait son œuvre à l'intérieur du mourant, alors qu'à l'extérieur le monde, « son monde », se sent impuissant.

La vie vécue avec les siens prend tout son sens au moment où l'on perd la personne aimée, justement parce qu'elle ne reviendra plus. On ne perd qu'une seule fois son père, sa mère, son enfant ou toute autre personne importante. Une vie, c'est si précieux. Celui qui meurt nous en convainc. Même si la mort est en quelque sorte évidente dans les services de soins palliatifs, elle demeure intime, discrète, jamais elle ne se compare à celle d'hier ou ne ressemble à celle de demain, jamais elle ne nous indiffère non plus. La personne à l'agonie est si touchante qu'il est impossible d'ignorer le désarroi de ses proches, impossible de rester de marbre ou de s'y habituer, encore moins de s'endurcir. Le soignant est ouvert à l'expérience des personnes en deuil. Il y réfléchit, sans jamais la ramener à une norme. Elle prend la couleur de chaque personne, de ses croyances, de sa culture, d'une manière de vivre, puis de mourir, toujours unique. Après chaque expérience, le soignant réintègre sa place, transformé chaque fois. Voilà le sens de l'engagement en soins palliatifs, la motivation du soignant, l'essence et le sens même de notre travail, de notre présence aux autres, de notre conviction que la grâce accompagne celui qui meurt et qu'il inspire autour de lui quelque chose de sacré. Ça sert à tout ça, mourir.

33

Pourquoi réinvestir la vie quand elle s'effrite ?

> *On ne meurt pas chacun pour soi, mais les uns pour les autres, ou même les uns à la place des autres, qui sait ?*
>
> Georges Bernanos

Certaines épreuves, comme l'annonce d'une maladie potentiellement fatale, peuvent provoquer au départ chez l'éprouvé et ses proches un sentiment d'impuissance, une révolte bien légitime et une réaction de découragement qui, dans les premiers temps, délogent toute forme d'espoir. En cessant d'espérer, on s'imagine qu'on ne se fera plus prendre par des événements inattendus, sournois ou indésirables, contre lesquels de prime abord ne semble exister aucune défense et qui ne laissent présager aucun aboutissement heureux. Le poids de la menace bouleverse, car les forces du moi ne pourront se mettre en place qu'au moment où il faudra entreprendre la traversée. Autrement dit – et c'est dans l'ordre des choses –, l'effondrement de l'individu précède de loin sa remontée.

L'annonce d'une maladie grave peut surprendre autant qu'un accident. L'être humain n'est pas armé pour prévoir un obstacle majeur : il le craint, le redoute dans son imaginaire, mais c'est une fois piégé et confronté qu'il retrouvera son aplomb. L'expérience du réel, contrairement au scénario élaboré par la pensée, parviendra petit à petit à désamorcer les défenses mises en place, à les troquer contre la détermination qu'impose une identité brisée. La perte de sa santé équivaut à la perte de son identité, parce qu'on ne se voit jamais fractionné ou diminué. Or, cette ouverture forcée – encore appelée fissure, brèche ou passage – permet à l'individu de vaincre l'opacité de sa vie alors que celle-ci se rétrécit. C'est dur, ça fait peur et ça fait mal. La personne condamnée à mourir « trop tôt » ne poursuivra pas le chemin pour elle seule, elle cherchera aussi à persévérer par amour ou par générosité envers un être aimé, par honneur, et parfois par dépit.

Être « condamné à mourir » nous renvoie à la quantité de temps qui reste, à l'impossibilité d'obtenir une date précise de départ et à l'angoisse que suscite l'effritement de la vie. Il s'agit alors de mettre de la qualité dans les jours qui nous sont comptés, de découvrir l'art de vivre au présent et de déterminer les éléments devenus impératifs pour nous, par exemple le besoin de manifester notre amour par des témoignages ou de laisser quelque chose d'important aux nôtres avant de partir.

L'heure est à l'établissement de priorités, à la sélection de personnes chères et d'activités adaptées au changement en cours, à la remise en question des choix qui ne conviennent plus à notre nouveau style de vie. L'arrivée de la maladie nous oblige à renoncer à des projets à long terme et à nous accrocher plus solidement à des désirs encore réalisables. Au fond, ce n'est peut-être pas la vie comme telle qui s'effrite, mais sa durée. La vie résiste jusqu'au bout et invite l'homme à ne pas capituler prématurément, à ne pas mourir psychiquement avant de rendre son dernier souffle. Le risque est grand de baisser trop vite les bras, d'abandonner la partie de soi qui reste encore intacte ou de renoncer à transformer l'épreuve ou le choc en une expérience sommet, celle d'une libération psychique qui vient contrer le déclin de la condition physique.

Grâce à l'esprit qui cherche à s'élever, la personne trouvera la capacité de transcender son corps souffrant et d'accéder à des forces spirituelles, qu'elle pourra utiliser comme un nouveau credo. La personne éprouvée peut compter sur son « convertisseur d'énergie », sur sa « génératrice d'urgence » pour fonctionner tout autrement. Les anciennes réactions devant l'adversité ne seront plus les mêmes, la personne ne disposant plus des armes « d'avant », mais elle peut compenser grâce à une force morale, une force affective qui pourra combattre la peur et le sentiment d'impuissance. D'autant plus que quand une personne est acculée au pied du mur, elle ressent la nécessité de s'accomplir avant de quitter « son monde ».

La vie quotidienne et en apparence exempte de menaces se déroule à toute vitesse, sans que nous prenions conscience de nos limites. Seul le spectre de la mort parviendra à secouer nos certitudes tranquilles. La perspective de mourir est comme un coup de poing qui oblige à distinguer l'important du trivial. Finies les futilités, l'essentiel devient central. Quand survient la perspective de mourir, la qualité des relations, la recherche de leur authenticité prend une importance inestimable.

Réinvestir la vie quand elle s'effrite ne peut avoir de sens que par la voie de notre affectivité, la redécouverte de l'intimité et l'expression de nos sentiments. L'entourage de celui ou de celle qui est aux prises avec une maladie incurable se met à agir avec précaution, ménagement et indulgence, car plus que jamais on saisit la précarité de la vie, la fragilité de la personne, la solidité des liens familiaux ou d'amitié.

La menace de perdre un être cher peut ébranler autant que la tâche de s'abandonner à sa propre mort. Dans certains cas, se visualiser seul après la perte n'est pas moins difficile que de mourir. La solitude existentielle frappe de plein fouet les parents, les enfants, les amis et les amoureux appelés à être séparés par la mort. Ce n'est pas rien. Le travail de séparation est titanesque et exigeant, mais il met au premier plan une relation qui s'apprête à vibrer dans la mémoire et dans le cœur de chacun. La vie ordinaire, sans défis ni remous, permet rarement d'accéder à d'aussi profondes dimensions. L'inéluctable accélère les prises de conscience et l'ouverture à l'autre. La qualité de présence et de contact qui en découle l'emporte sur l'effritement du temps.

Serait-il concevable d'affronter la mort, de lâcher les amarres et de quitter ceux que nous aimons si la perspective de mourir ne nous donnait pas l'occasion d'adresser un au revoir ou de dire « merci » ou « je t'aime » ? Elle est là, la chance de voir notre mort venir et de l'apprivoiser, car plus elle s'approche, nous dit-on, moins elle fait peur ; comme si, pour certains, sa proximité permettait enfin une pacification.

Réinvestir la vie quand elle s'effrite signifie aussi ne pas provoquer la mort avant le dernier rendez-vous. Cet effort ultime en vaut la peine, car la vie non seulement se transmet d'un vivant à l'autre, mais aussi d'un mourant à un vivant, et cette passation permet à ceux qui restent de reprendre le fil de la vie. Les disparus sont des défricheurs des chemins qu'il nous reste à parcourir ; ils ont existé pour que leur vie puisse désormais passer par la nôtre, d'une génération à l'autre. Cette transmission de force et de sens est peut-être le sens du trépas.

34

Qu'est-ce que l'essentiel dans un contexte de fin de vie ?

L'humain ! L'humain et les toutes petites choses de la vie qui prennent du relief quand le paysage se rétrécit. Ce qui semblait banal dans la lorgnette du quotidien se montre sous un tout autre jour en fin de vie. Les réussites se démarquent de celles de la vie courante. Par exemple, une douleur apaisée, un repas terminé, l'arrivée à l'improviste d'une personne qui se fait du souci à notre sujet, tout est apprécié. Les sens sont exacerbés. Le malade convie ses proches à un temps d'arrêt, au partage, sans qu'il soit nécessaire d'élaborer des projets. C'est le présent qui compte, l'ici et maintenant, la force de l'instant. La rencontre est intime, elle a lieu dans une chambre dénudée, mais pas anonyme. Elle inclut celui qu'on aime ou celle qu'on aurait souhaité aimer. Devant la maladie grave, nos défenses, nos vanités baissent la garde. La rencontre avec le malade élimine les artifices habituels que la pudeur invente. On s'accorde la permission d'aimer et d'aimer très fort. « Nous sommes poursuivis toute une vie par ce que nous n'avons pas osé vivre en entièreté. Toute énergie – quand elle a été réveillée – veut voir son fruit mûr avant de se dissiper[58]. » L'heure est au pardon, à la réparation,

---

[58] SINGER, Christiane, *Derniers fragments d'un long voyage*, p. 56.

aux révélations. On s'efforce d'offrir le cadeau des mots vrais, d'un geste tendre, d'une voix qui chante. On cherche à dire merci, on bénit les silences. Les mains se rejoignent, se lient. Elles sont enveloppantes ; elles parlent d'adieux sans faire de bruit. Les regards se rencontrent, s'éloignent et se croisent à nouveau. L'union, la vraie, entre deux êtres de solitude. Le silence exprime un élan d'amour comme pour « saisir la richesse du message provenant de ces exclamations étouffées, de ces caresses à peine esquissées, de ces soupirs sans paroles, c'est-à-dire de toutes ces manifestations d'un sujet qui vit en soi comme hors de soi, absorbé par l'aveuglante découverte de sa propre essentialité[59] ».

La mort, si difficile à nommer, à entrevoir, à accepter, accule la vie au pied du mur, elle la renverse dans un espace blanc. La mort est comme une intrigue horrifiante, mais elle fascine, elle interroge, elle laisse interdit celui qui reste. On la redoute, on l'apprivoise, on la fuit. On la côtoie, on l'évite, on y échappe. On la défie jusqu'au déni. Elle nous rattrape toujours, nous restons à sa merci. Aucun marchandage possible, c'est elle qui aura le dernier mot. Les heures qui la précèdent nous galvanisent. Chacun s'applique à étirer le temps.

« Une fois la mort reportée, la vision perd de son acuité, tout a tendance à redevenir embrouillé[60]. » En effet, pareille sensibilité ne saurait se manifester en temps ordinaire. Le meilleur de soi surgit devant l'ultime. La perte imminente, c'est un moment qui magnifie la chance d'être encore là et qui rassemble nos élans. Rien n'est petit, tout est gigantesque.

---

[59] BALESTRO, Piero, *Parler l'amour. La thérapie de la tendresse*, p. 31.

[60] LEDOUX, Johanne, *Mourir sans guerre. La guérison : une question d'harmonie*, p. 151.

L'amour grise, épuise et triomphe sans fin, jusqu'à la fin et au-delà. L'amour, l'essence même d'une vie, sa quintessence. L'amour et son renoncement le jour du grand départ : « Je te retrouve partout, toi qui n'es nulle part[61]. » Aimer son enfant, son conjoint, un parent ; le perdre sans se perdre. Après le vide, refaire le plein ; rétablir le souvenir avant de fouler l'avenir. Aimer de nouveau, tout comme avant la mort ; elle n'aura pas tout arraché. Elle n'aura pas pu s'emparer du désir d'aimer. Difficile de mettre des mots, ne serait-ce qu'un seul, sur le sublime. Ce sont des sensations, des émotions fortes, des images, des remparts, des empreintes incrustées pour toujours au creux du cœur. Seuls les poètes connaissent les mots pour dire l'essentiel : « On avait oublié ce que l'on sait depuis toujours, oublié que tout n'est que passage et impermanence, qu'un jour l'ombre et un jour l'éclaircie, que tout peut basculer comme on retourne la terre pour l'ensemencer de nouveau. On avait oublié la leçon de l'arbre et du vent qui vient tout balayer, celle de l'aube et du crépuscule. On avait oublié le recommencement toujours possible[62]. »

---

[61] BOBIN, Christian, *La plus que vive*, p. 103.

[62] DORION, Hélène, *L'étreinte des vents*, p. 19.

35

Je sais que je vais bientôt mourir ; j'ai peur du vide, du néant et d'être oublié.

Mieux vaut s'abstenir d'élaborer des scénarios multiples pour l'avenir ; le déroulement et le dénouement des événements correspondent rarement à ce qu'on a imaginé. Mais autant l'imagination peut tendre des pièges, autant elle peut s'avérer un précieux recours. Faculté de créer des images, l'imagination permet de balayer l'angoisse et de visualiser la possibilité de relever ce qui s'impose comme un défi. Le vide n'est pas le néant, il sert de passerelle entre le connu et l'inconnu à découvrir. La confiance est donc un maître à penser, un antidote à la peur, cette peur qui bloque le potentiel le plus élevé de l'être. La peur est réelle, mais la réalité se charge de la chasser au moment où la personne franchit le mur entre la vie et l'autre versant. C'est à cette découverte que la pensée doit s'accrocher, à cette percée d'un grand mystère dont aucun survivant ne détient la clé. La curiosité triomphera de l'anxiété.

La peur de partir s'apparente à celle d'être oublié : on craint de s'éloigner, de perdre de vue les siens, mais aussi d'être exclu de leur mémoire. Cependant, il faut savoir qu'il existe un lien sensitif capable de compenser les défaillances de la mémoire cognitive. C'est en quelque sorte une autre mémoire, moins précise, mais plus globale, plus puissante. La mémoire du lien affectif subsiste au-delà de celle des moments précis où il a pris naissance. Les détails s'estompent, mais l'essence du lien, la force du sentiment demeurent à jamais.

En voici un exemple. Nous étions un groupe de soignants réunis dans les Alpes, à Notre-Dame-du-Laus, tout près de Gap, en France, à l'été 1996. Dans cet espace à la beauté céleste, le regretté Yvan Amar, philosophe, prenait la parole. Souffrant d'insuffisance respiratoire, il était très émouvant à entendre ; ses mots devaient d'abord passer par la bouteille d'oxygène. Malgré son souffle court, sa présence était puissante et libre de toute vanité. Il a rejoint chaque soignant par des propos touchants, à caractère spirituel. On aurait pu entendre voler une mouche tellement l'écoute était concentrée. À la fin de l'allocution, une femme s'est levée : « Monsieur Amar, comment vous dire ? C'était tellement beau, tout ce que vous avez partagé, mais je n'ai pas eu le temps de prendre des notes, j'étais captivée par votre bonne présence. J'aurais voulu enregistrer votre conférence, j'ai tellement peur de l'oublier. » Yvan Amar lui a répondu, et je le paraphrase : « Madame, vous semblez avoir apprécié ma conférence, mais ce n'est pas important de vous en rappeler ; gardez en vous le souvenir de l'ambiance, de ce moment où vous étiez bien, mais que vous ne sauriez décrire. Ce qui importe, c'est le vécu d'une plénitude partagée. Un moment qui colle à la peau sans qu'il adhère nécessairement à la mémoire cognitive[63]. » La femme s'est apaisée.

---

[63] AMAR, Yvan, *Sens de la vie, sens de la mort : par sa mort honorer sa naissance*, allocution dans le cadre de la 1re rencontre franco-québécoise, Association pour la promotion individuelle et collective (APIC), Notre-Dame-du-Laus, Gap, France, 1996.

Ce sentiment de plénitude reste donc difficile à exprimer par des mots. Il correspond à une attitude méditative, cette formidable disposition de l'esprit par laquelle nous faisons le vide pour approcher d'une plus grande paix. Le vide précède le plein, comme le silence est préalable à la parole.

D'autre part, ce qui compte pour le mourant, ce n'est peut-être pas tant le souvenir qu'il laisse que celui de l'expérience qu'il a vécue. Elle lui permettra de partir plus légèrement, dénudé, remué et vibrant. C'est au survivant qu'incombe le travail de mémoire. À lui de raviver l'histoire d'un proche. C'est notamment le rôle des éloges funèbres, qui portent sur le vécu du défunt et non sur sa destinée, et qui ont donc du sens tant pour le croyant que pour l'incroyant. Nous pouvons demander à nos proches, en notre absence, de prendre la parole devant témoins, de raconter quelques passages de notre vie. L'élaboration du souvenir est un travail de groupe, les cérémonies en font foi. Ce sont les célébrants qui veillent à retracer le parcours des célébrés. C'est tout le contraire d'être oublié.

Enfin, concevoir le néant comme si c'était un ciel couchant ou le rivage de la mer à marée basse, tout cela donne au mourant la possibilité de fabriquer son propre lieu de prédilection. La pensée, l'image, le vœu l'aident à construire l'enceinte d'un espace intérieur où il se tient à l'abri de tous les dangers, à commencer par sa peur de sombrer. L'imagination est un outil dont il faut se servir avec prudence : il peut construire comme il peut détruire. Imaginer le beau permet de ne plus s'encombrer des pires scénarios. L'esprit se libère enfin de sa vision d'apocalypse. À ne jamais oublier : être dans le vide infini de « l'aprèsmort », c'est aussi être partout, disponible, atteignable pour nos proches.

36

Que signifie mourir dans la dignité ?

... ce n'est qu'à la condition de nous sentir au départ confirmés comme bien absolu par le regard de ceux qui nous aiment que nous pourrons supporter les innombrables désaveux que la vie nous réserve.

Piero Balestro

La dignité fait l'objet de perceptions subjectives, c'est-à-dire basées sur des croyances variées ou des *a priori* élaborés à partir d'expériences et de valeurs particulières à chaque individu, groupe culturel ou social. C'est un concept qui prend plusieurs significations et qui est souvent mal compris.

Dans l'esprit du personnel des soins palliatifs, mourir dans la dignité signifie le soulagement des douleurs du patient, la sécurité de son espace, le respect de ses besoins, l'accès à des services multiples, la confidentialité, le confort, le réconfort, la qualité d'une vie qui s'achève et le souci pour ses proches. Le soignant qui travaille auprès de personnes en fin de vie considère que l'être humain ne se réduit pas à son corps malade, mais qu'il a une pensée, une histoire, une intériorité, une valeur, un attachement aux siens, un impact sur son entourage et sur les futures générations, ainsi que le désir de quitter le monde avec dignité. Si sa maladie le rend inapte, incapable de prendre des décisions, cette tâche est alors confiée à un proche désigné comme porte-parole de ses volontés. Dès son admission à l'hôpital, le malade aura signé un formulaire précisant qu'on ne doit pas le réanimer si des complications à sa condition terminale devaient survenir, par exemple un arrêt cardiaque. S'il souffre de douleurs atroces, le médecin s'engage également à le soulager à l'aide d'une médication qui le plongera alors dans un sommeil profond pendant les heures ou les jours qui précèdent sa mort. La sédation palliative enraye généralement les douleurs du malade sans nécessairement précipiter l'heure de la mort et permet aux proches d'apprivoiser la perte. Les malades en fin de vie ne sont malheureusement pas toujours complètement soulagés de leurs douleurs et ne reçoivent peut-être pas toute l'attention souhaitée s'ils ne se trouvent pas dans un service de soins palliatifs. L'engagement du soignant devrait idéalement l'amener à accorder une valeur inconditionnelle au respect de la dignité d'une existence.

La dignité d'une personne, *a fortiori* d'une personne malade, passe d'abord par le regard que son entourage pose sur elle, par le sens que l'on attribue à une vie diminuée mais pas banale. La dignité du malade se forme ou se déforme à partir de ce que nous lui renvoyons comme image et comme message. La dignité, écrit Léon Burdin, « c'est l'élégance de l'être et non la seule élégance des corps[64] ».

Parfois, le patient se plaint du déclin de sa dignité en évoquant la déchéance de son corps, l'obligation de compter sur un autre pour manger, faire sa toilette, obtenir de menus services, s'assurer d'une présence sécurisante. De même, du point de vue des proches, la notion de dignité de

---

[64] BURDIN, Léon, *Parler la mort. Des mots pour la vivre*, p. 162.

la personne malade se confond avec leur perception de son corps. Dans certaines circonstances, les proches du malade, ne pouvant plus supporter leur impuissance à maîtriser la situation ou à deviner la suite des événements, confondent leur propre souffrance avec le déclin de la dignité du malade. La détresse des proches, leur appel à l'aide non entendu les amènent souvent à assimiler un scandaleux manque de soins à l'indignité. C'est alors qu'à bout de souffle, et en l'absence d'un nombre suffisant d'aidants, on réclame l'euthanasie « au nom de la dignité humaine ».

Mais ni le malade ni la maladie ne sont indignes, seule notre façon d'approcher le malade et de traiter sa maladie risque de l'être si nous considérons la souffrance comme impensable et le souffrant comme inconvenant. « Mais qui côtoie les corps blessés pressent que l'être humain est son corps, mais que le corps est autre chose que lui[65]. » Autrement dit, l'homme est plus grand que ce qu'il donne à voir, et celui qui le regarde à la dérobée rate l'essentiel : l'envers de son corps, la beauté de sa psyché.

Les soins palliatifs, qu'ils soient prodigués en milieu hospitalier, dans une Maison de soins palliatifs ou à domicile, doivent procurer au malade tout le confort requis, l'atténuation de la douleur, l'apaisement de tout problème d'ordre psychologique, social ou spirituel. L'objectif est d'offrir au malade et à ses proches une qualité de soins et de soutien jusqu'au bout[66]. Dans ces conditions, la famille peut compter sur la coordination du travail des différents

---

[65] JOLLIEN, Alexandre, *Le métier d'homme*, p. 60.

[66] *Politique en soins palliatifs de fin de vie*, Direction des communications du ministère de la Santé et des Services sociaux, gouvernement du Québec, 2004, www.msss.gouv.qc.ca.

soignants. Malheureusement, les services de soins palliatifs n'étant pas disponibles dans toutes les régions du Québec, les malades n'ont pas facilement accès à des soins équitables et sur mesure. Souvent, le malade et sa famille doivent recourir à des services non spécialisés, consulter des soignants parfois débordés ou démunis. Le malade non soulagé se désespère alors, et sa famille s'épuise. Les soins palliatifs offrent un espace dédié à la fin de la vie dans lequel circule un mouvement de collaboration et de solidarité entre les patients, les soignants et les familles. On ne peut qu'espérer leur expansion.

Le temps de vie qui reste fait partie de la trajectoire du malade vers sa destination finale ; c'est un temps qui se déroule à son rythme sans que nous ayons à l'abréger ou à le prolonger. La responsabilité des soignants consiste à ne pas abandonner le malade et à se relayer pour lui assurer des services continus. De toute évidence, ces services ne sont pas toujours en place pour les patients isolés, sans famille ou sans ressources. La présence de personnes bénévoles sensibles aux réalités des malades peut parfois pallier le manque. Le réseau de la santé souffre de graves lacunes qui doivent être corrigées, comme le peu de lits consacrés aux soins palliatifs et le nombre insuffisant de ressources humaines dans ce domaine. Depuis quelque temps, les gouvernements explorent davantage les besoins en oncologie et en soins palliatifs, ils sollicitent les recommandations des professionnels de la santé. L'équité des soins ressort comme l'un des besoins les plus urgents. Il est impératif de veiller à la qualité des soins et des services de fin de vie, sinon le risque sera grand de vouloir régler le problème en répondant positivement aux demandes d'euthanasie. Et ce choix sociétal, nous devrons l'assumer.

Il faut comprendre que les cris d'alarme des patients et des familles à ce jour n'ont peut-être pas été clairement décodés. « Être aidé est interprété comme en finir[67]. » Or, « accueillir le vœu de mort d'une personne ne veut pas dire qu'on s'engage à l'exécuter[68] ». Les services actuels offerts par notre réseau de la santé doivent se multiplier et représenter les valeurs fondamentales des soignants : aider un être à mourir dans la dignité, c'est-à-dire lui permettre de vivre dans un environnement sécuritaire, soulagé de ses douleurs jusqu'au bout. La rareté des services destinés aux personnes en phase terminale, le manque de ressources personnelles et le vide affectif que vivent certains malades expliqueraient en partie la confusion entre l'euthanasie et la dignité. Il s'agit néanmoins de deux réalités distinctes, l'une consistant en l'arrêt volontaire et immédiat de la vie, l'autre tenant à la qualité des soins et de l'accompagnement du patient dans son processus de mourir.

---

[67] DE HENNEZEL, Marie, *Nous ne nous sommes pas dit au revoir. Aider la vie*, Robert Laffont, Paris, 2000, p. 22-23.

[68] DE HENNEZEL, Marie, *La mort intime. Ceux qui vont mourir nous apprennent à vivre*, p. 76.

37

On dit souvent que le mourant choisit le moment de sa mort, qu'en pensez-vous ?

L'expérience de ma survie à un écrasement d'avion m'aide à répondre à cette question. Durant la catastrophe, j'ai pu constater que chacun s'accrochait à la vie. Dociles devant les consignes de l'agent de bord, tous bien décidés à tenir le coup malgré le peu d'espoir. Nous avons souhaité qu'un miracle survienne jusqu'au dernier moment. La litanie des « je ne veux pas mourir » pouvait se lire sur toutes les lèvres. Les dix-sept morts n'ont pas choisi leur sort, pas plus que l'heure de leur décès. La mort les a happés au hasard, indépendamment de leur âge, de leur situation ou même de leur mérite. Se relever de là ne dépend pas de nous, c'est au-delà de nos prières, de nos efforts ou de notre état de santé. Le résultat final découle de la chance, de la malchance ou de tout autre phénomène qui, à ce jour, échappe à l'homme. J'ai aussi compris que le miracle ne tenait pas uniquement à la survie, mais au fait de nous être raccrochés ensemble, d'avoir été si forts au cœur d'une tragédie et d'en être sortis, pour certains morts, pour d'autres survivants. La gloire n'appartient pas à un seul camp. Les passagers autant que l'équipage, tous ont gardé courage, certains sont morts devant nous. Et j'ai puisé en eux la force de remonter l'autre versant. Tous ont cherché à survivre, personne n'a choisi de mourir ou pas.

Il en est ainsi pour les grands malades. Selon moi, la psyché n'a pas un réel pouvoir sur la biologie, seulement sur la façon de vivre les épreuves et de les interpréter. Elle ne détermine aucunement leur terme. On peut maintenir un esprit sain dans un corps malade ou souffrir de blessures psychiques dans un corps en santé. Des clochards « ivres morts » résistent au pire, alors que des enfants insouciants courent un dernier tour avant de mourir. Quand une personne médicalement condamnée renverse le pronostic de sa maladie, on impute le virage à sa volonté. « Elle voulait tellement vivre, elle a réussi ! » Et quand une autre s'éteint de façon fulgurante, certains demeurent persuadés qu'elle n'a pas suffisamment lutté.

Je me souviens d'une jeune femme qui avait devancé la date de son mariage afin que son père gravement malade soit témoin du grand jour. Les soignants ne croyaient pas beaucoup que le père puisse tenir le coup. Il était très faible, alité aux soins palliatifs. Le jour du mariage, il était toujours vivant ; alors, les infirmières l'ont préparé avec précaution pour l'événement. L'homme a volontiers délaissé sa jaquette bleue pour enfiler chemise et cravate, le temps d'un bonheur fugace. On a roulé son lit jusqu'à la pièce vitrée à l'étage de l'hôpital. Incliné dans son lit, il a posé son bras sous celui de sa fille. Le prêtre a béni l'union des jeunes mariés, et le petit groupe d'invités a vécu de grandes émotions devant autant d'efforts. Tous ses proches ont invoqué la volonté du mourant pour expliquer le miracle. Il est clair que la détermination et l'amour de cet homme ont de quelque manière, même symboliquement, contribué au processus biologique, mais l'inverse s'est également produit quelques mois auparavant dans le cadre d'un autre mariage tenu à l'hôpital. Cette fois, le malade n'a pu atteindre son objectif. Il est mort le mardi matin et le mariage avait été prévu pour le lendemain. Ses proches ont pensé que le père gravement malade n'avait peut-être pas suffisamment voulu être présent à la célébration. Mais nous ne savons pas ces choses-là ; l'esprit parvient à fabriquer une explication parce qu'il supporte mal l'énigme.

Même quand des personnes appellent la mort comme délivrance, leur vœu n'aura aucune incidence sur la façon dont les choses vont se terminer. Il y a même des suicides ratés. Et ceux qui réussissent leur suicide n'ont pas tout réglé en partant : leur souffrance se répercute dès lors chez leurs proches.

Certaines personnes souffrent d'avoir raté le dernier rendez-vous avec leur proche mourant. Elles ont veillé patiemment au cours des dernières heures afin de ne pas laisser le malade mourir seul. Mais le veilleur s'est absenté quelques minutes, et le malade est mort seul. À son retour, il a cru que son proche avait intentionnellement choisi de mourir en son absence : « Peut-être aurait-il préféré la présence de quelqu'un d'autre ? » Les hypothèses se succèdent, le proche se sent coupable de s'être éclipsé, il ne tient pas compte de son accompagnement indéfectible des jours précédents. Il se persuade que le décès est dû à une cause précise pour éviter de vivre un mystère, car il ne peut tolérer de ne pas savoir, de nager en pleine énigme. Se sentir coupable plutôt qu'impuissant relève d'une pensée irrationnelle mais fréquente. La mort intrigue et inquiète à un point tel qu'on en scrute tous les détails pour éviter de dire : « Je ne sais pas. »

À l'heure où j'écris ces lignes, un écrasement d'avion à Québec vient d'emporter sept personnes, incluant le pilote et son assistant : aucun survivant[69]. Les victimes n'ont eu aucune chance : quelques secondes après le décollage, l'avion s'est écrasé comme une roche non loin de la piste. Pour mieux comprendre la séquence des événements, les experts vont chercher le moindre indice parmi les corps calcinés, reproduire la trajectoire, analyser les débris, consulter des spécialistes en aéronautique, mettre en place une cellule de crise pour soutenir les proches. Les pourquoi vont envahir les proches en état de choc, le temps d'intégrer la réalité de l'incident tragique. Toutes les personnes décédées se sont levées tôt ce matin-là pour saluer leur bien-aimé, peut-être en prononçant quelques mots usuels comme : « À ce soir. » Les occupants du petit porteur avaient choisi ce vol pour se rendre à leur travail très tôt le matin du 23 juin 2010. Aucun parmi eux ne s'est dit : « Aujourd'hui, je fais le choix de mourir. »

Ainsi en est-il pour le grand malade. Il n'a pas choisi sa maladie, pas plus que l'heure de sa mort. Il apprend à vivre avec l'épreuve sans pouvoir prédire la suite. Quand la pensée et la réalité se rejoignent, nous pouvons parler d'une coïncidence étonnante.

---

[69] DENONCOURT, Frédéric (*Le Soleil*, Québec) : « Un Beechcraft King Air 100 s'est écrasé sur un terrain privé bordant la rue Notre-Dame, à l'Ancienne-Lorette. L'appareil qui avait pris son envol à 5h58 de la piste 30 de l'aéroport Jean-Lesage (Québec), n'a réussi à franchir que deux kilomètres avant de tomber au sol et d'exploser, tuant presque instantanément ses sept occupants. »

38

Est-il préférable de mourir
à la maison ou en institution ?

> *Il apparaît essentiel d'assurer aux personnes en fin de vie la possibilité de choisir, parmi diverses possibilités, l'endroit qui leur convient le mieux.*
>
> Isabelle Martineau et coll.

La plupart des malades souhaiteraient mourir à la maison, dans leur univers, au sein de leur famille, avec le sentiment de jouir d'une certaine liberté malgré la dépendance que crée la maladie. Par ailleurs, une étude précise que les malades tiennent compte de la lourdeur des soins que leurs proches doivent assumer. « L'analyse des commentaires démontre que les avantages attribuables à l'hôpital font référence à son organisation et aux services qui y sont offerts... Les malades trouvent rassurant de savoir qu'ils pourront y bénéficier de soins adaptés tout en n'ayant pas à exiger de leurs proches qu'ils en assument la responsabilité... La majorité des sujets qui jugent raisonnable de décéder à la maison font partie du groupe exempt de douleurs[70]. » Pour le malade, se retrouver en institution veut aussi dire être loin des siens, privé de ses habitudes de vie, contraint

---

[70] Martineau, Isabelle, *et al.*, « Le choix d'un lieu pour mourir : une décision qui doit tenir compte des proches », *Cahiers de soins palliatifs*, vol. 2, n° 1, 2001, p. 49-69.

de suivre des horaires ou d'accepter des visites qui ne correspondent pas toujours à son rythme.

Aussi, l'état global du malade et les liens qu'il entretient avec ses proches influencent ces derniers dans leur décision. Sans le concours de son entourage, le malade ne pourrait assumer le choix de mourir à domicile ou en institution. Le grand malade dépend totalement d'autrui. Parfois, un membre de la famille accepte de prendre le malade sous son aile, alors que d'autres ne pourront s'engager sans connaître d'avance les exigences de l'engagement à domicile. Le choix est déchirant. Il entraîne des réactions de colère ou un sentiment d'impuissance ou de culpabilité, selon les cas et les personnes. Les malaises sont inévitables. « Prendre soin d'un proche malade constitue un travail qui peut s'avérer complexe, lourd et monopolisant, notamment dans le cas de dépendance importante. Cela nécessite une variété de tâches spécialisées qui s'apparentent beaucoup au travail accompli par les intervenants de la santé et des services sociaux, mais sans les conditions de ces derniers[71]. »

J'ai en mémoire des cas concrets qui m'aident à comprendre ce que traversent une conjointe en santé avec son époux malade, une enfant (adulte) complètement envahie par son parent vulnérable, une sœur meurtrie devant un frère fragile, une amie en peine d'amitié devant celui qui va bientôt mourir. Je me souviens d'une femme de 40 ans assise sur le lit de sa mère malade qui l'implorait de la « garder » chez elle. Sa mère, âgée de 65 ans, avait la phobie des hôpitaux, mais plus encore, elle voulait rattraper le temps

---

[71] GUBERMAN, Nancy, « Les personnes proches aidantes, des alliées... à soutenir », *Quoi de neuf*, vol. 29, n° 4, La revue de l'Association des retraitées et retraités de l'enseignement du Québec (AREQ), mars-avril 2007, p. 14-18.

perdu et lui signifier ses regrets de ne pas avoir été « une bonne mère ». La jeune femme a décidé de laisser son travail pour prendre soin à plein temps de sa mère. Dès qu'elle a accepté de lui prodiguer des soins quotidiens, ses frères et sœurs l'ont abandonnée à la tâche. Pendant un an, elle a subi les plaintes de son ami de cœur, qui lui reprochait ses nombreuses occupations en dehors de leur vie de couple ; puis, elle a sombré dans une détresse financière. Mais au-delà de ses grandes difficultés, la « soignante naturelle » souhaitait redonner à sa mère la sécurité affective dont elle-même avait été dépourvue. Mère et fille avaient misé sur la réorganisation de la vie à domicile pour vivre ensemble la phase terminale... de leur relation. Elles ont développé un lien fusionnel, si fort que l'une ne fonctionnait pas sans l'autre. Lorsque la mère est décédée, sa fille s'est effondrée. Toutefois, elle conservait le sentiment du devoir accompli et évoquait l'intensité de leur relation, qui avait compensé pour des années de conflits. L'enfant avait été délaissée, négligée par une mère psychologiquement inapte ; à l'âge adulte, sa représentation d'une « bonne mère » s'était reconstituée en inversant les rôles. Les mauvais souvenirs de l'enfance avaient cédé la place à de nouvelles expériences qui lui avaient permis d'affronter l'épreuve de la perte initiale, ravivée par la mort de l'idéal d'une « bonne mère ».

Je pense aussi à la conjointe d'un homme qui l'avait imploré : « Oh ! Je t'en supplie, peu importe ce qui arrivera, dis-moi qu'aucun étranger ne viendra me laver, me soigner, me nourrir, ni même m'accompagner pour quoi que ce soit. Je ne veux que toi à mon chevet. Cinquante-cinq ans de vie commune justifient ma demande. » Par moments, cet homme était confus, il trébuchait et se retrouvait par terre, incapable de se relever. Son épouse, âgée de 75 ans, prenait son courage à deux mains, même la nuit, et le remettait au lit. Elle a perdu du poids, sa joie de vivre, ses passe-temps préférés, le contact avec ses amies, la notion du temps et la bonne forme. Le mari multipliait les demandes et ne lui laissait aucun répit. Elle n'a jamais osé briser sa promesse. Le malade avait finalement accepté qu'une voisine assure le guet pendant que je voyais sa conjointe en session thérapeutique. J'accueillais alors une femme complètement épuisée qui, dès son arrivée, tombait littéralement endormie sur la causeuse. Je la réveillais au bout d'un certain temps ; gênée, elle me remerciait de lui avoir permis de dormir aussi profondément et en toute sécurité. Plusieurs solutions alternatives lui ont été proposées, mais elle a tenu à remplir son rôle d'épouse et de soignante jusqu'au bout.

Le conjoint est mort à la maison ; la femme a été hospitalisée peu après afin de recouvrer sa santé. De retour à la maison, elle a été incapable de s'adapter à son ancien milieu de vie, elle n'y trouvait plus le confort d'antan ; alors, elle a pris la dure décision de vendre la maison que le couple avait habitée depuis toujours. Il lui fallut apprendre à vivre tout autrement. « Les multiples transformations infligées à l'environnement physique de ces personnes constituent un débordement difficile à surmonter. Le lit d'hôpital dans le salon ne disparaîtra jamais de la mémoire du survivant. L'odeur de désinfectant provenant des produits de soins nécessaires à l'hygiène ne sera jamais remplacée par tous les parfums du monde. Pour le proche, c'est comme si son environnement, sa propre maison, ne lui appartenait plus. Et le souvenir de cette désappropriation peut durer longtemps[72]. »

---

[72] DANEAULT, Serge, *Que peut-on apprendre de l'expérience des proches qui ont soigné, veillé et perdu un être significatif ?* allocution, 9ᵉ congrès « Entre le deuil

Dans les différentes institutions médicales, les soignants formés en soins palliatifs sont très conscients de la souffrance qu'éprouve une famille ou un proche le jour de l'admission du malade en phase terminale. J'entends encore l'un de nos infirmiers lors de l'accueil d'une femme et de son conjoint malade : « Madame, venez, nous allons installer votre mari confortablement, vous m'aiderez à tenir compte de ses habitudes, racontez-moi. » Les proches sont incapables de délaisser entièrement les soins et souhaitent collaborer avec les professionnels de la santé. De concert avec eux, ils complètent largement les services indispensables au malade. Petit à petit, le malade et ses proches s'adaptent à leur nouvel environnement.

Pour que les soins à domicile soient assumés par les proches jusqu'au bout, une continuité solidaire avec les différents soignants professionnels est indispensable. Plus la sécurité d'une chambre d'hôpital pourra être reproduite à la maison, plus le souhait de mourir sous son propre toit deviendra réaliste et réalisable. Mais entre le souhait de l'un et la réalité de l'autre, la décision de mourir chez soi ou en institution reste provisoire ; on doit la réajuster à la lumière de l'évolution de la situation. « La nature des liens et leur évolution entre les différents acteurs constituent le terreau où prend forme l'expérience singulière de chacun et où s'élaborent les processus d'adaptation[73]. »

---

et l'espoir », présidé et coordonné par Johanne de Montigny, soutenu par la direction du Cimetière Notre-Dame-des-Neiges, Montréal, 20 octobre 2006.

[73] DUMONT, Serge, *et al.*, « Le fardeau psychologique et émotionnel chez les aidants naturels qui accompagnent un malade en fin de vie », *Cahiers francophones de soins palliatifs*, vol. 2, n° 1, 2001, p. 17-46.

39

Mon fils a 35 ans, il va mourir. Il ne veut aucun rite funéraire après son décès ; toute la famille souffre de sa décision. Nous songeons à transgresser ses volontés. Avons-nous tort ?

Malheureusement, les grands malades ne réalisent pas toujours les enjeux et les conséquences de l'application à la lettre de leurs dernières volontés. Il importe que toutes les personnes concernées expriment ensemble et clairement les sentiments que génèrent les demandes de la personne placée devant sa mort et examinent les répercussions de celles-ci sur la famille. Mourir est un acte généreux : pour le futur défunt, c'est l'occasion de manifester le souci qu'il éprouve pour les siens. Le mourant a beaucoup à offrir jusqu'à la fin ; or, les arrangements funéraires constituent l'un des derniers « présents » faits à sa famille. Par humour caustique, cynisme, défense ou frustration, la personne mourante a parfois des idées étranges, pour ne pas dire déconcertantes, concernant la manière de disposer de sa dépouille et pour justifier l'absence de rituels. Les lois étant plus que souples dans le domaine funéraire, les gens confondent ce libre choix avec l'occasion de faire n'importe quoi, non pas par méchanceté, mais par volonté de minimiser le deuil à traverser et ses conséquences.

Une mère peut difficilement imaginer ne rien faire pour son enfant qui va mourir. Ce serait la déposséder de son dernier cri d'amour. Elle devra insister auprès de son fils pour qu'il revienne sur sa décision. Et si son fils persiste à croire qu'aucun rite, rassemblement, mémorial ou éloge de sa vie ne pourra faire la différence auprès des siens, alors là il se trompe.

Si la perspective de l'absence de rite funéraire trouble la famille, il est encore possible de dire au malade : « En ton absence, nous souhaiterions la mise en place d'un rituel pour nous consoler ; nous savons que ce n'est pas ton souhait, mais ce serait nécessaire à notre paix et à l'unité familiale. » André Bouchard explique que « les rites sont des langages communs, des langages culturels inventés, portés par les humains et transmis comme une sagesse de génération en génération... Il faut des repères stables quand on est déstabilisé[74]. » Peut-être que l'état actuel de votre fils ne lui permet pas de mesurer l'importance d'un rituel funèbre, et c'est pourquoi la transgression de sa volonté deviendra une alternative après sa mort, une réparation symbolique vous permettant d'intégrer la réalité de son départ définitif.

Je me souviens d'une jeune mère qui avait vécu la disparition mystérieuse de son fils. Après l'avoir vainement cherché, elle avait mis en place un rituel visant à faire le lien entre leur dernière rencontre et son exil. En guise de survie psychique, elle avait décidé de planter un arbre sous

---

[74] BOUCHARD, André, « Préface sur les rituels funéraires », projet de norme de la Corporation des thanatologues du Québec, février 2007.

la fenêtre de sa chambre. Par la suite, à maintes reprises, elle a marché dans les cimetières afin de lire les épitaphes sur les pierres tombales. Elle cherchait, à travers l'identité des défunts, à localiser son fils disparu. Il lui arriva aussi, lors d'enterrements, de se tenir cachée loin derrière des familles inconnues afin de pleurer son deuil impossible. Elle enviait leur rite funéraire, écoutait attentivement les mots de l'hommage au défunt. En s'appropriant leur cérémonie, elle trouvait « une articulation entre le passé et le présent[75] ». « À la fin de sa vie, tout être humain a droit à une belle sortie. Qui n'a pas été pour les autres, sinon un personnage, du moins un certain modèle, ou bien une référence, ou bien un transfert d'habiletés et de compétences de toutes sortes ? » Ce point de vue de l'éthicien et philosophe André Bouchard pourrait-il éclairer votre fils ? Les besoins de la famille justifient parfois de transgresser les volontés du défunt : cela ne pourra pas lui nuire de toute façon, et permettra à sa famille de ne pas souffrir des complications du deuil. On reconnaît que l'absence de rituels peut être source de deuils compliqués par la dépression, le sentiment de culpabilité et l'isolement. Avec raison, c'est ce que vous essayez d'éviter.

---

[75] DESCHAUX, Jean-Hugues, *Le souvenir des morts*, Paris, PUF, 1997, p. 9, 33.

40

**Un membre de la famille
veut faire disperser les cendres de ma mère ;
moi, je veux les déposer dans la terre.
Ma mère n'avait donné aucune consigne
et les enfants ne s'entendent pas ;
mon frère, pour sa part,
veut garder l'urne chez lui.
Comment arriver à une entente ?**

Dans notre monde moderne, la dispersion des cendres s'apparente à une « dispersion des rites » qui peut occasionner des dilemmes, des controverses, des frictions et des conflits familiaux. Répartir les cendres dans des bijoux ou des pochettes, lancer le résidu de papa ou de maman dans un espace « à perte de vue », au gré des fantaisies de chacun, cela laisse à l'imagination des représentations potentiellement angoissantes. Le corps du disparu est tout d'abord réduit en cendres pour être ensuite divisé, fracturé, trimbalé, répandu, étendu, perdu dans l'espace, dans l'eau ou sur un sol anonyme sans pierre tombale, sans plaque d'identification, sans repère précis, sans lieu de recueillement. Le défunt est partout et nulle part. Il est dans un bijou, dans la nature, dans l'espace ou ailleurs, mais il n'est pas tout à fait mort, ni parti, ni séparé des vivants. Comment faire le deuil d'un être cher qui n'est ni avec nous ni avec les morts ? Disperser les cendres ne fragilise pas automatiquement les endeuillés, mais le risque est réel. Il arrive aussi que le rituel entourant la dispersion des cendres soit suffisamment élaboré pour que les personnes en deuil gardent en elles le souvenir impérissable du défunt, mais elles ne pourront par la suite accéder à des lieux précis pour « contacter » symboliquement la dépouille. Déposer le mort (l'urne aussi bien que le cercueil) dans un lieu séparé de celui des vivants permet à l'endeuillé de ne plus occulter l'absence et d'entreprendre le chemin du deuil. S'emparer de l'urne et la ramener chez soi ne donne pas l'occasion aux proches d'aller se recueillir en toute discrétion et à toute heure. L'accès est contrôlé et fort limité. Voici quelques exemples de situations problématiques causées par le fait que des cendres n'ont pas été déposées dans un lieu déterminé et prévu à cet effet.

- Un homme se présente en consultation pour parler de celui qui fut son compagnon de vie et pour le pleurer. Ce dernier est mort du sida au tout début des années 1980.Le mot « sida » avait alors une connotation péjorative : libertinage, homosexualité, vie marginale. Il raconte qu'il avait eu très mal parce que le prêtre avait refusé de célébrer la vie de son bien-aimé et de souligner sa mort. À cause de sa honte, il a décidé de garder l'urne « avec » lui. Le thérapeute n'avait pas réalisé que, dans son sac d'épicerie, l'endeuillé trimbalait à chaque session les cendres de son conjoint. Il n'arrivait plus à se séparer de lui, puisque personne de son Église n'avait reconnu sa mort. Pour se sortir de l'impasse, il lui a fallu créer son propre rite en présence de quelques amis, dans son propre salon. Quelles séquelles cet homme en deuil aurait-il subi s'il n'avait pu confier son désarroi ?
- Une femme perd son conjoint et tente d'appliquer à la lettre ses dernières volontés : répandre ses cendres dans le ciel d'un parc qu'ils avaient l'habitude de fréquenter. Il

lui avait précisé d'accomplir ce rituel seule afin de mieux commémorer leur intimité. Après la mort de son mari, elle avait longtemps gardé l'urne dans sa chambre, ne pouvant accepter de disposer de ses cendres n'importe comment dans un endroit public. En suivi de deuil, elle demande à sa thérapeute si elle peut transgresser les volontés de son bien-aimé et se faire accompagner par un ami pour la soutenir. Son sentiment de culpabilité apaisé, elle se rend sur les lieux avec l'urne, accompagnée de son plus grand ami. Mais quand elle veut ouvrir l'objet précieux, elle constate que la boîte de marbre est solidement scellée, elle ne parvient pas à retirer le couvercle. L'ami la rassure : « Pas de problème, j'ai une hache dans le coffre de la voiture. » Mais en voyant l'ami donner des coups sur ce qui, pour elle, a une valeur sacrée, elle panique et s'interpose : « Cesse de cogner, tu vas le tuer. » Sa pensée irrationnelle l'a submergée. Il lui a fallu ensuite beaucoup de temps et d'effort pour digérer le geste inconsidéré de l'ami.

– Un couple ayant perdu son jeune enfant décide de rentrer à la maison avec l'urne. Celle-ci est mise en évidence sur la table de chevet. Le deuil est si pénible à vivre que le couple sombre dans l'alcool. Un soir, après avoir consommé de manière exagérée, le couple décide d'ouvrir l'urne et de « caresser » les cendres de l'enfant. Malheureusement, une bonne partie des cendres tombe sur le parquet. Le couple pleure son immense perte. Le lendemain, les conjoints aperçoivent le gâchis au sol. Ils décident de consulter un spécialiste pour soigner leur désespoir.

Ces exemples d'absence de rituels illustrent ce qui peut arriver quand les gens se privent des services offerts par les maisons funéraires. Celles-ci permettent de faciliter le rite qui marque la première et la principale fonction liée au deuil : « Le rite suppose des conduites corporelles et des gestes qui vont tenter dans un premier temps de retenir le mort, mais qui vont surtout chercher à le mettre à distance. La séparation progressive d'avec son mort, toute cruelle soit-elle, est essentielle à la traversée des paysages qui s'ensuivent. C'est seulement par la coupure que le souvenir peut exister[76]. »

À l'époque des rites traditionnels, l'inhumation des corps ne comportait guère les risques que pose aujourd'hui la disposition non encadrée des cendres ; pareils écueils n'existaient tout simplement pas au début des années 1970. « À trop vouloir s'émanciper du carcan des normes et des traditions, à trop rêver d'être le maître de sa propre vie, l'individu aurait brisé le lien social... L'individualisme est ici accusé d'avoir fragilisé l'institution familiale et dévalorisé toute forme de pérennité, à commencer par la mémoire des défunts[77]. » Je ne veux pas dire qu'un rite est préférable à un autre ; la crémation ou l'inhumation font place aujourd'hui à un choix personnalisé et à une plus grande créativité, d'où la prolifération de rites funéraires. C'est plutôt l'absence de rites qui serait inquiétante. Toutefois, les quelques exemples ci-dessus nous mettent en garde contre des dérives possibles lorsqu'un rite n'est pas encadré. À la question : « Quoi faire avec l'urne ? » la réponse est : pas n'importe quoi, n'importe où, n'importe quand, ni seul, ni en l'absence d'une forme d'encadrement. Le type de cérémonie choisi, laïque ou non, doit dégager quelque chose de sacré. Qu'il passe par un chant, un poème, une prière, une anecdote, un vœu, un geste, un souvenir, le rituel est essentiel.

---

[76] DES AULNIERS, Luce, « Rites d'aujourd'hui et de toujours, Variations sur le rite », *Frontières*, vol. 10, n° 2, hiver 1998, p. 3-6.

[77] DESCHAUX, Jean-Hugues, *Le souvenir des morts. Essai sur le lien de filiation*, Paris, PUF, 1997, p. 2.

Pour en revenir à la question initiale, il est dommage que la défunte n'ait laissé aucune consigne à son entourage à propos de ses volontés ; les proches à leur tour auraient sans nul doute aimé lui offrir un dernier cadeau en famille avant sa mort. Malgré cela, il est encore possible de lui rendre un hommage posthume et de donner à chacun la chance de s'adresser à elle et de lui exprimer ses sentiments.

41

Quelle est la différence entre la religion et la spiritualité par rapport à la mort ?

La religion comporte des croyances et des pratiques associées à un groupe social en particulier. Elle implique la reconnaissance d'un principe supérieur de qui dépend la destinée de l'être humain. De son côté, la spiritualité fait référence à l'âme (une force intérieure), aux valeurs (par exemple l'authenticité) et à l'immatériel (par exemple le relationnel). Certains malades en phase terminale, pour qui la religion a une importance fondamentale, nous font part de leur foi, de leur espérance en un au-delà ou de leur conviction qu'une vie lumineuse existe de l'autre côté de la mort. Ils adressent leurs prières à un être suprême. D'autres, qui ne souscrivent à aucune doctrine religieuse, s'appliquent à donner un sens à leur expérience ; ils sont en lien avec la profondeur, la conscience, le souffle, la psyché et ils entretiennent une relation de confiance avec l'inconnu. Pour eux, l'absence de croyances en une vie céleste n'est pas ressentie comme un manque ; ils accordent plutôt de l'importance à l'ici et maintenant et à l'harmonie dans les relations humaines. La méditation, le silence, la contemplation, la sérénité, la musique, l'amour et la poésie font partie de l'univers spirituel. On peut être à la fois religieux et spirituel, l'un n'exclut pas l'autre. La pensée religieuse et les dispositions spirituelles ne s'opposent pas, leurs potentialités nourrissent l'espérance d'une grande découverte, et l'espoir qu'une force intérieure restera vivante jusqu'au bout. « Nous sommes aussi une polarité céleste, et ce moment où notre terre se dissout, se décompose, est peut-être le moment de nous ouvrir à l'étreinte du céleste en nous-même, qu'on l'appelle le Soi, le Tout-Autre, la Claire-Lumière ou une autre Conscience[78]. »

J'ai été témoin de certaines scènes que l'on peut qualifier de sacrées, où des gestes procuraient aux malades et à leurs proches un bien-être difficile à exprimer dans des mots. On les reconnaît à des ambiances, à des moments fugitifs mais remplis de sens. En voici quelques exemples. Une musicothérapeute offre un chant ou une mélodie adaptés aux mouvements d'inspiration et d'expiration du malade ; on assiste alors à un moment grandiose. Un proche s'agenouille et pose sa tête sur le ventre de la personne mourante. Une bénévole reste en silence dans une chambre vacante, elle contribue à la qualité d'accueil du prochain malade. Avec l'autorisation de la famille, le personnel soignant se regroupe autour du lit du patient décédé et lui adresse une prière, s'incline sur son passage et le remercie de s'être abandonné à ses soins. Une infirmière se consacre à la toilette mortuaire d'un patient. Elle tient à donner une attention particulière au corps inanimé en guise de soutien à la famille. Un bébé dort dans sa poussette ; sa mère mourante le veille jusqu'au

---

[78] DE HENNEZEL, Marie, et Jean-Yves LELOUP, *L'art de mourir. Traditions religieuses et spiritualité humaniste face à la mort aujourd'hui*, p. 45.

bout. Un fleuriste offre ses fleurs restantes et contribue ainsi à embellir les chambres où reposent les grands malades. Une bénévole écrit le nom de chaque personne décédée au service de soins palliatifs dans un livre magnifique et dans un style calligraphique. La chorale de l'hôpital planifie des répétitions en préparation à la fête de Noël ; le groupe Urgence Chanter parcourt chaque étage et offre à tous les malades et à leurs proches des airs que chacun aime fredonner. Une vétérinaire bénévole dresse son chien en vue d'une tournée hebdomadaire auprès des grands malades qui souhaitent la présence du petit animal à leurs côtés. Dans la grande pièce vitrée, des enfants s'appliquent à dessiner un « trésor » pour le parent malade. Au cimetière, des ballons blancs s'envolent dans le ciel en hommage au défunt que les proches tentent de laisser partir. La voisine d'une femme en deuil lui offre quelques plats cuisinés et planifie avec elle une journée d'écoute et d'accalmie.

Autant de moments précieux offerts à la personne qui souffre. « Nous avons oublié que, sans la puissance amoureuse qui nous habite, le monde est perdu. Tout sur terre appelle notre regard amoureux... Le monde menace de tomber en agonie si nous ne réveillons pas en nous cette faculté de louange. C'est l'intensité qui manque le plus à l'homme d'aujourd'hui. Où est en nous le désir, l'ardeur ? Où est cet amour qui tient éveillé[79] ?... »

Plus une personne, durant sa vie ordinaire, aura cultivé sa vie intérieure comme un jardin, plus elle aura des points de repère et d'ancrage au moment de partir. L'impression que rien ne peut nous détruire, même durant le processus

[79] SINGER, Christiane, *Où cours-tu ? Ne sais-tu pas que le ciel est en toi ?* p. 68-69.

de mourir, relève du caractère spirituel de l'être. Des forces invisibles sont à l'œuvre ; elles permettent aux individus de mieux composer avec la perte, quelle qu'en soit l'ampleur. La beauté qui s'exprime alors est celle que seule l'âme des poètes sait révéler :

Oh ! toi que nous aimons tant,
Nous sommes suspendus à ton souffle qui s'affole.
C'est le temps. Vas-y, prends ton élan !
Élève-toi au-dessus
Et vole !
Quitte les ténèbres épaisses
    qui te retiennent prisonnier.
Plus loin est la Porte,
Plus loin est l'Issue.
Ne retiens plus rien, ne te retourne pas.
Ici commence ta véritable histoire[80].

---

[80] THOUIN, Lise, *Chants de consolation. À celui qui va partir et pour ceux qui restent*, Montréal, Les Éditions de l'Homme, 2007, p. 51.

42

Les croyants meurent-ils plus paisiblement que les athées ?

La religion correspond exactement à nos désirs les plus forts, qui sont de ne pas mourir, ou pas définitivement, et d'être aimés.

André Comte-Sponville

Pas forcément, car certains mourants craignent de paraître devant un Dieu qui punit. D'autres, ayant grandi avec des principes religieux sévères, espèrent obtenir la miséricorde de Dieu tout en redoutant son châtiment. Mais tous s'apaisent par le moyen de la sagesse, qui demeure leur guide le plus fiable. Nous savons fort bien que l'humain est faillible : il a fait de son mieux, il déplore les blessures qu'il aurait pu causer à autrui, parfois à son insu, ou alors involontairement. La prière semble pacifier les malades. Le prêtre, le rabbin, le pasteur, l'imam ou l'animateur de la pastorale sont des références précieuses pour le malade qui souhaite se recueillir, communier, réfléchir et, à travers eux, parler à Dieu, à Allah, au Créateur, au Divin ou à l'Être suprême. D'autres cherchent l'accompagnement d'une personne « neutre » capable de porter leurs doutes ou leur certitude du néant sans qu'une réponse préfabriquée vienne gâcher la rencontre. Quand la mort approche, plusieurs malades développent la croyance en un Dieu d'amour ; pour la première fois, ils y adhèrent. Cette conviction spontanée vient du sentiment qu'on n'y perdra rien, que tout reste à gagner. Selon le philosophe André Comte-Sponville, « la vérité, c'est que personne ne *sait* si Dieu existe, et que beaucoup, chez les croyants comme chez les athées, sont prêts à reconnaître cette ignorance indépassable, qui est le lot de l'humanité et qui fait le charme subtil, et parfois enivrant, de la métaphysique ».

L'observation clinique nous démontre que des malades qui se décrivent comme agnostiques semblent trouver l'apaisement dans un sentiment d'accomplissement. Ce sont des personnes qui se disent comblées par leur vie ; elles souhaitent transmettre leurs réalisations aux générations futures et reconnaissent en cette voie une satisfaction personnelle ; aussi s'assurent-elles de distribuer leurs acquis à leurs successeurs. Les non-croyants ne sont pas systématiquement des inquiets. Pour certaines personnes, l'idée du néant ne suscite *aucune* angoisse ; en revanche, elles savourent le présent, le plein, le palpable, l'accessible et la proximité avant de franchir même en pensée le non-être. Cette philosophie « plus libre » charpente leur système de croyances, bien décrites par André Compte-Sponville. « Plusieurs de ces croyances, notamment orientales, me semblent constituer un mélange de spiritualité, de morale et de philosophie, plutôt qu'une *religion,* au sens où nous prenons ordinairement le mot en Occident. Elles portent moins sur Dieu que sur l'homme ou la nature. Elles relèvent moins de la foi que de la méditation ; leurs pratiques sont moins des rites que des exercices ou des exigences ; leurs adeptes forment moins des Églises que des écoles de vie ou de sagesse[81]. »

Les « non-croyants » ont eux aussi, à leur façon, des croyances ; dans un monde sans frontières, multiculturel et multiconfessionnel, les représentations foisonnent à propos de ce qui survit ou périt après la mort. Face à la mort imminente, quelques malades se réfugient dans la croyance en la réincarnation ; ils sont persuadés de pouvoir revenir sous une autre forme. D'autres se voient d'ores et déjà dans le lit du firmament, débarrassés de leur corps, transfigurés à l'image d'un ange. Aucune de ces représentations ou croyances n'est ridicule, elles appartiennent à chacun et permettent, comme un talisman de transition, de franchir cette immensité dont on ne peut que supposer la nature profonde. Que ces conditions soient infondées, symboliques, ou artificielles, peu importe, elles existent grâce à la fertilité de l'imagination.

Le néant, le rien, l'absence ou la fin de tout se posent aussi comme des croyances dans l'esprit de l'athée. Il éviterait ainsi le risque d'une autre vie qui lui apparaît comme potentiellement décevante. Un peu comme si la fin de la vie sur terre était associée à l'arrêt des souffrances et que l'appréhension de les revivre sous une nouvelle forme ou dans un ailleurs trop incertain faisait obstacle au répit recherché avant de quitter ce monde. Dans ce sens, fort curieusement, l'absence de croyances serait perçue comme une façon encore mieux organisée d'espérer. « Le sage ne désire que ce qui est

---

[81] COMPTE-SPONVILLE, André, *L'esprit de l'athéisme. Introduction à une spiritualité sans Dieu*, Paris, Albin Michel, 2006, p. 14, 64, 84.

ou qui dépend de lui. Qu'a-t-il besoin d'espérer[82] ? » Cet énoncé de Comte-Sponville nous démontre que, pour certains, l'espérance ne serait aucunement source de paix. L'ici et maintenant permettrait de n'espérer que le réel, rien d'autre. C'est ce que cet auteur appelle aussi le « gai désespoir ».

Répondre « rien » à la question « qu'espérez-vous ? » est-il le leitmotiv de l'athée ? Une formule plus apaisante pourrait exprimer ses dispositions : « j'espère tout et, en même temps, je n'espère rien. » Est-ce qu'il n'en est pas ainsi pour tout ce qui touche l'amour ? C'est une formidable aventure que nul ne connaît d'avance, qui est au départ bardée d'espérance, mais qui parfois s'avère décevante, souffrante, l'envers de ce que l'imagination avait prévu. Est-ce que les potentiels d'aimer et d'espérer en seraient anéantis pour autant ? Vous aimez qui et vous espérez quoi ? Je ne sais pas, mais tout simplement j'aime et j'espère, dirait peut-être le sage. C'est un état, non pas un objectif à atteindre absolument, une espérance qui jaillit de moment en moment, une faculté d'aimer qui date de toujours et qui vit pour toujours. « La dimension spirituelle est ce qui ouvre au sens et à l'altérité. La dimension religieuse viendra alimenter la relation qui s'établit en marquant des points de repère, en proposant un contenu symbolique et en inscrivant le sujet dans une communauté par des rites de passage[83]. »

Croyants ou athées peuvent mourir paisiblement, angoissés ou révoltés. Des malades nous font part de leur foi inébranlable, jusqu'à ce que des secousses viennent perturber leurs plus profondes convictions. La personne

---

[82] *Ibid.*

[83] Pereira, José, *Accompagner en fin de vie. Intégrer la dimension spirituelle dans le soin*, p. 102-103.

qui accompagne le malade doit pouvoir contenir la turbulence, accueillir ses paradoxes et ses contradictions, porter les détresses et les questions, retourner à l'autre un visage confiant, décontracté, un regard rasséréné permettant au malade de tenir bon pendant la tempête. Il arrive même que, dans la fugacité de l'instant, l'accompagnant incroyant se sente à son tour subjugué, littéralement transformé par la foi de l'autre. La croyance de l'un prendrait alors naissance dans le giron de l'autre.

V

LE DEUIL

43

Je traverse le deuil tant bien que mal ; je ne comprends pas ce qui m'arrive. Comment reconnaître les manifestations du deuil ?

La vie est ponctuée d'amour, de joies immenses, de problèmes de santé, de périodes de crise, de séismes affectifs et de pertes multiples. Tout comme le roseau, l'être humain fléchit, s'incline très bas, se relève graduellement et atteint son équilibre avec le temps. Il marche sur la corde raide et, à l'instar du funambule, il avance, espérant qu'un filet de sécurité le sauvera en cas de chute.

Le deuil, qui est la souffrance spécifique liée au décès d'une personne qui compte tout particulièrement, comporte des étapes souvent très sombres avant que se manifeste une percée de lumière. Le travail de deuil est exigeant, parfois décourageant, son rythme et son aboutissement sont difficilement prévisibles. Le sentiment de démolition de son être et l'accablement qui s'ensuit, la lente réintégration de son univers et la reconstruction de son identité constituent les principales phases que traverse l'endeuillé.

La perte d'un être cher est considérée comme une épreuve majeure. Cette dure réalité peut même apparaître comme plus cruelle que sa propre mort. Il est très difficile d'envisager vraiment celle-ci. On peut l'imaginer momentanément, dans une sorte d'éblouissement désagréable, mais on n'arrive pas à la concevoir de façon durable. On imagine donc sa mort à travers celle des autres... celle que nous approchons, qui nous est accessible, et qui meurtrit. Peut-être parce que nous avons fait l'expérience de la séparation très tôt dans la vie. La toute première rupture, quand le cordon ombilical a été coupé, remonte comme un vague souvenir à différents moments au cours de notre vie.

Les pleurs de l'enfant naissant expriment la perte originelle qui va se réactiver plus ou moins intensément à chaque séparation, abandon, changement, renoncement, transition et deuil. Chaque fois, notre attitude devant la perte ou notre manière d'y réagir sera en quelque sorte l'écho d'un premier souvenir enfoui si profondément en nous que nous ne saurions le nommer. Pour faire image, le deuil agit comme un bombardement de météorites laissant un vaste trou au-dedans de la personne, que l'on pourrait nommer le cratère de l'endeuillé, le manque, l'attente, l'ennui, le grand chagrin. La douleur est immense, pour la plupart des gens. En perdant l'autre, on a le sentiment de perdre une partie de soi, d'être amputé d'un membre important. L'analogie avec *le membre fantôme* donne une idée de l'invisible, de cette difficulté à décrire les ravages occasionnés par une perte considérable. Pour tolérer la perte, une partie de soi s'anesthésie sur-le-champ, pour ensuite laisser l'insupportable s'infiltrer petit à petit ; cela donne lieu à une alternance entre des épisodes de paralysie et des périodes de dégel psychique. Les émotions, qui fluctuent dans le désordre, déconcertent l'endeuillé. L'irritabilité s'installe insidieusement ; tout lui tape littéralement sur les nerfs : non seulement le manque d'attentions ou le retrait de l'entourage, mais même les mots gentils, l'avalanche d'attentions, les appels téléphoniques. La personne en deuil émet un souhait, mais aussitôt que celui-ci se réalise, elle désire autre chose : en fait, c'est le défunt qui lui manque. Il manque désespérément et son retour, personne ne pourra le provoquer. « Je voudrais regarder en face ce que je ne supporte pas, j'attends ton retour, c'est plus fort que moi, j'attends l'inattendu, quoi d'autre attendre, j'espère l'inespéré, quoi d'autre espérer, la vie, la vie, la vie[84]. »

Les premiers temps du deuil nous obligent à réapprendre à vivre tout autrement, sans l'autre. Nous avons l'impression d'être un spectateur de la vie, de fonctionner à l'écart de celle-ci. Tantôt l'endeuillé voudrait se cacher derrière la foule, se faire tout petit, tantôt, il a envie de hurler :

Faites attention à moi, je vis une période de fragilisation, j'ai peur, j'ai mal et j'ai perdu toute motivation. Les gens continuent de courir, de faire comme d'habitude, alors que ma vie à moi s'est complètement effondrée. J'avance machinalement, je mange sans appétit, je dors sans me reposer, je travaille sans grand intérêt et je réagis à tout avec une hypersensibilité. Mon identité est brisée, mes projets sont annulés, je ne sais trop où je m'en vais, je ne sais plus très bien qui je suis. Je me questionne sur mes réactions, sont-elles normales ? sur mes sentiments qui sont gelés, sur le bonheur : reviendra-t-il un jour ? Personne ne peut comprendre, même pas les autres endeuillés, leur perte n'est pas la mienne. Vous ne voyez donc pas que je m'isole, que je fais semblant de vivre ?

Si la perte est soudaine, le deuil s'annonce encore plus ardu, puisque l'endeuillé n'aura eu aucun temps pour s'y préparer, pour dire au revoir ou merci. La perte anticipée

---

[84] BOBIN, Christian, *La plus que vive*, p. 51.

permet généralement d'apprivoiser le manque, alors que la perte inattendue n'accorde aucune transition. Le choc est brutal. Le chemin de l'endeuillé est fait de retours, de détours et dans certains cas il implique la reconstruction complète de son être afin d'assurer sa marche ultérieure. L'amour et le lien qui existaient entre cette mère et son fils qui fut emporté par un tsunami semblent l'aider à rebâtir avec les siens ce qui a été détruit. Le prologue de son livre en fait foi : « Le 26 décembre 2004, ma cathédrale s'est effondrée, frappée à mort par le tsunami. J'ai cru que plus jamais je ne toucherais le ciel... le chœur de ma cathédrale était fracturé. Assommée par le choc, à moitié vivante, je me suis mise à fouiller, fouiller et fouiller dans les décombres, pendant des jours et des nuits, jusqu'à ce que je découvre que les fondations étaient intactes et que mon trésor était bien vivant, dans la crypte de ma cathédrale. Et j'ai compris que ce trésor, aucune vague ne pourrait jamais me l'enlever. Rien ne peut détruire le rêve de la cathédrale, car la mémoire veille et se souvient[85]. » Cette femme n'aura certes pas connu que la seule force de s'en sortir ; elle traverse inévitablement la grande souffrance de la perte, mais sans se laisser immerger par elle. Aussi a-t-elle puisé son courage en écrivant et en se racontant afin de transcender la perte, de colmater la déchirure et de perpétuer l'œuvre du défunt. Mais on constate que des endeuillés demeurent sidérés lors de pertes annoncées, ces dernières n'ayant pas été intégrées. Le déni persistant est un mécanisme de défense qui ajoute à l'abattement des personnes lorsque la mort d'un proche se produit.

---

[85] CARTIER, Carole, *Au-delà des caprices de l'eau*, Champs-Vallons, Québec, Création Bell'Acarte, prologue, 2006.

Lors d'un deuil, on peut s'attendre à des sentiments et à des réactions infiniment variés non seulement d'un individu à l'autre, mais chez une même personne selon son histoire personnelle, le degré d'attachement avec le défunt, ses propres ressources et le soutien dont elle bénéficie. Il serait sage pour l'endeuillé d'accepter ces changements mais de ne pas rester seul, pas plus que de s'étourdir. La personne en deuil cherche une écoute, un échange amical, une étreinte affectueuse, de petites attentions qu'elle n'osera peut-être pas demander. Mais quand la traversée s'avère trop difficile ou inquiétante, l'endeuillé ne doit pas hésiter à consulter un professionnel de la santé ou à s'inscrire à un groupe de parole.

Il arrive aussi que des personnes ne soient pas abattues à la suite d'une perte même considérable. Il s'agit là de cas d'exception ; néanmoins, ils sont réels et nous forcent à regarder le deuil sous un autre angle que celui de la stricte souffrance. La conjointe du regretté philosophe Yvan Amar nous livre un message saisissant : « Yvan m'a transmis la douceur de sa mort, la douceur des derniers jours de sa vie et la douceur de ce qu'il portait en lui... J'avais imaginé qu'au moment de sa mort, c'est la douleur qui m'envahirait, mais... je n'ai pas eu mal. J'ai ressenti cette immense douceur. Je n'ai rien vécu de ce que je lis généralement à propos du deuil. Pas de colère, pas de frustration. J'ai dû choquer certaines personnes parce que je n'ai pas pleuré, je n'ai pas exprimé de regrets[86]... » Une lecture approfondie du livre *Mourir les yeux ouverts* démontre que les rituels qui ont précédé et suivi la mort d'Yvan Amar ont solidement jalonné

---

[86] DE HENNEZEL, Marie (en coll. avec Nadège Amar), *Mourir les yeux ouverts*, Paris, Albin Michel, 2005.

la traversée d'un deuil qui n'a pas moralement démoli sa conjointe. Mais cette douceur de deuil est exceptionnelle.

Le deuil est à la fois singulier, culturel et universel dans son expression. De nombreux auteurs ont décrit les étapes du deuil, et la plupart les ont réparties en trois principales phases : le choc, la période dépressive centrale et la terminaison[87] ; ou encore : le déni, la déstructuration et la reconstruction[88]. Certains ont intégré le pardon, l'héritage et la résilience comme faisant partie intégrante du travail de deuil. Plus récemment, la recherche a développé un nouveau modèle qui, d'une certaine façon, engloberait les étapes déjà reconnues. On parle dorénavant d'oscillation[89]. Les étapes constituent des points de repère importants pour nous situer dans la trajectoire habituelle de la personne en deuil ; toutefois, l'oscillation nous éclaire davantage sur l'état paradoxal de l'endeuillé, sur la fluctuation de ses sentiments et de ses réactions à l'intérieur de courts laps de temps. L'oscillation démontre à quel point le deuil est un processus et non une finalité. La personne est tantôt centrée sur sa perte, tantôt sur son rétablissement. Le souvenir de sa relation avec la personne décédée peut survenir à l'improviste ou être volontairement reconstitué. Penser à autre chose requiert un effort personnel de l'endeuillé ou

---

[87] HANUS, Michel, *Les deuils dans la vie. Deuils et séparations chez l'adulte et chez l'enfant*, Paris, Maloine, 1994.

[88] FAURÉ, Christian, *Vivre le deuil au jour le jour*, Paris, Albin Michel, 2004, p. 290.

[89] STROEBE, M., et H. SCHUT, « The dual process model of coping with bereavement : Rationale and description », *Death Studies*, vol. 23, Philadelphia, PA, 1999, p. 197-224 ; « Meaning making in the dual process model of coping with bereavement », dans NEIMEYER, R. (dir.), *Meaning reconstruction and the experience of loss*, Washington, DC, American Psychological Association Press, 2001, p. 55-76.

survient de façon imprévisible. Les paradoxes, les contradictions, les antagonismes décrivent véritablement l'esprit de la personne endeuillée. Son état varie aussi d'une personne à l'autre mais peut généralement se présenter ainsi :

Sur le plan cognitif, la concentration, l'attention, la mémoire et l'intérêt de la personne en deuil sont altérés.

Au point de vue physique, une très grande fatigue, une résistance affaiblie, des troubles du sommeil ou de l'appétit, des douleurs et des sensations étranges peuvent surgir et se faire envahissants. Il est conseillé de consulter le médecin pour évaluer son état de santé après une perte majeure.

Quant au champ des sentiments ou des réactions, il est, pour un temps, très fragilisé. Des crises sporadiques de pleurs, des réactions colériques, un sentiment de culpabilité, le manque de motivation, la perte de sens, l'altération du sensorium (sens d'irréalité, vision du défunt, sentiment de distance avec les autres), le remords, la difficulté à accomplir les activités habituelles, une grande tristesse ou d'autres symptômes reliés à la dépression situationnelle sont régulièrement rapportés par les personnes en deuil.

La déstabilisation qui caractérise la première portion du deuil marque le refus de la réalité et l'inquiétude de ne pouvoir désormais fonctionner sans l'autre. Le paradoxe règne parce que refuser la réalité ne veut pas dire l'ignorer. La deuxième étape du deuil est centrale et languissante ; elle peut durer de quelques semaines à quelques mois. On parle d'un temps d'errance, de vide et d'exil, un abîme creusé par l'absence, l'inaptitude au plaisir et une quête insatiable de sens. Enfin, la troisième phase est la reconstruction personnelle, le réinvestissement affectif et l'acceptation d'une vie différente de celle qui a précédé la perte. Il s'agit de reprendre la vie là où elle a été cassée. La solitude qui suit le décès provoque le repli avant qu'il soit possible de renouer avec l'entourage. L'irrévocabilité de la mort, la permanence de la perte, la conscience de sa solitude profonde fragilisent l'endeuillé durant les premiers temps du deuil. C'est le sens même de sa présence au monde qui vacille en l'absence de l'être aimé et qui sème le doute sur l'opportunité de réinvestir son affectivité. Les reproches ou les regrets qui peuvent subsister commandent une démarche de pardon. Monbourquette a constaté la nécessité de pardonner pour achever le processus de deuil. « L'endeuillé qui sera parvenu à accorder son pardon au défunt pour ses fautes et surtout pour son départ se libérera des restes de la colère que le départ de l'être cher aura provoquée en lui. Par contre, en demandant pardon au défunt pour ses propres faiblesses et ses manques d'amour, l'endeuillé réduira d'autant l'intensité de son sentiment de culpabilité. L'échange de pardons qu'il effectuera avec son cher disparu lui apportera une grande paix. Grâce à la réconciliation, il se sentira en paix avec lui-même et se trouvera disposé à accueillir son héritage[90]. »

Puis arrive le temps où l'endeuillé portera le disparu en lui, à défaut de pouvoir l'enlacer. Ce qui blesse, c'est la fin d'une histoire qui ne ressemblera à aucune autre. C'est pourquoi la solitude existentielle caractérise l'endeuillé même quand il est entouré. Au fil du temps, la conviction que « rien ne sera plus jamais pareil » ne portera plus sur les premières douleurs si vives de la perte, mais sur la perspective de renouer non pas avec le disparu, mais avec *le lien d'attachement retrouvé*, celui-là même qui s'inscrit dans la continuité du souvenir et la pérennité des sentiments.

---

[90] MONBOURQUETTE, Jean, *Comment pardonner ? Pardonner pour guérir, guérir pour pardonner*, Ottawa, Novalis, 1992.

Tel est l'héritage : « le dernier enseignement de celui qui est parti... Par sa mort, il nous implante encore davantage dans la vie... Dans une vie où l'on accepte, désormais, de vivre sans lui et où l'on apprend, en sentant sa présence silencieuse à nos côtés, à dire *Je t'aime* en toute connaissance de cause[91]. » Cette restauration du lien à l'intérieur de soi est tributaire d'un attachement originel solide, de l'acceptation graduelle de la perte, de l'intégration de celle-ci et de la transformation personnelle qui s'ensuit. L'absence est ainsi troquée contre la présence symbolique de l'absent en soi. Cette intériorisation compense la séparation physique initialement causée par la mort. Le non-retour de l'être aimé est surclassé par la pacification des sentiments de l'endeuillé.

Quand la personne en deuil reprend le dessus, inspirée par celui dont elle est fortement investie, elle transcende sa souffrance en une nouvelle mission, elle veut redonner du sens à sa vie. C'est alors que le meilleur de l'autre se met à vibrer à travers elle. L'endeuillé est comme un survenant. Il revient de loin. Il refait surface après une plongée périlleuse au tréfonds de son être. Il est ranimé par le goût de vivre, d'aimer et de donner. Il redécouvre sa chance inouïe de vivre, de porter et de continuer l'œuvre ou la parole de l'être cher disparu.

L'individu est responsable de la reconstruction d'un sens qui lui est propre par des choix constamment en évolution ; nous avons la chance immense d'apprendre de ceux et celles qui trépassent et qui laissent derrière eux des enseignements. Les morts sont nos mentors. Ils nous apprennent à être,

---

[91] FAURÉ, Christian, *Vivre le deuil au jour le jour*, Paris, Albin Michel, 2004, p. 290.

leur vécu n'est pas vain. Le deuil est une toile de fond sur laquelle le survivant doit peindre son nouveau chemin.

Vivre sa vie et plus encore, se retrouver après la perte... Le voyage est prometteur. Il exige une disponibilité intérieure, une adaptation aux événements extérieurs, la confiance de franchir chaque étape sans la devancer ni la fuir, mais juste en avançant vers l'inconnu, vers l'étranger et vers la suite. Le bris du lien physique provoque une ouverture dans l'âme, une trouée vers la lumière. Et le plus petit filet de clarté annonce le retour ou parfois la découverte de la joie de vivre. Le rite de passage est nécessaire. Il symbolise à la fois la fin d'une vie et la continuité d'une autre, une vie qui passe de l'être mort à l'être vivant et de l'être vivant à l'œuvre d'art. C'est l'art de se reconstruire après la perte.

44

Qu'est-ce qu'un deuil anormal ou compliqué ? Comment s'y retrouver ?

Il existe plusieurs termes pour qualifier les différents types de deuil. Le deuil dit normal comporte des manifestations plus ou moins passagères qui sont extrêmement difficiles à vivre ou à gérer, mais qui sont reconnues comme classiques et généralisées durant les six premiers mois suivant une perte majeure. Après ce laps de temps, si les symptômes – perturbation du sommeil, de l'appétit, de l'humeur, fatigue extrême, irritabilité, pleurs, retrait, colère, sentiment de culpabilité... – n'ont pas diminué en intensité ou en fréquence, le deuil risque de se prolonger, de se compliquer ou de se complexifier. Non pas que le deuil doive se résorber en moins de six mois, puisque l'on reconnaît que la première année est habituellement pénible à cause des anniversaires que l'endeuillé affronte pour la première fois sans l'autre : Noël, le jour de l'An, Pâques, son anniversaire de naissance, l'anniversaire du défunt, les quatre saisons, etc. Chaque première sans l'autre ravive le manque, exacerbe la douleur provoquée par son absence. Le processus n'étant pas linéaire mais oscillant, il est possible que la violence de symptômes récurrents étonne ou bouleverse l'endeuillé, mais leur durée (quelques heures au lieu de plusieurs jours) marque la différence entre un deuil qui s'atténue et un deuil qui s'aggrave. Certains endeuillés qualifient leur expérience de rechute, de retour en arrière ou de régression, mais dans le deuil normal, ces manifestations ne s'installeront pas pour de bon ; ils sont intrusifs et intempestifs, c'est-à-dire que les personnes se sentent littéralement frappées par une vague inattendue et s'étonnent de ressentir à nouveau l'abattement. « Je croyais que j'avais cheminé, que j'allais beaucoup mieux », nous disent-elles avec déception. Elles ne doivent pas oublier que le deuil n'est pas une épreuve anodine et que ces phénomènes font partie d'un processus normal. Donc, durant approximativement les six premiers mois de deuil, le fait de disposer le couvert à un convive pourtant absent, de s'adresser à lui en parlant à voix haute devant sa photo, de sauvegarder et de réécouter l'enregistrement de son message d'accueil dans la boîte vocale, de ne pas trier ses vêtements, de lui rendre régulièrement visite au cimetière, de sentir le frôlement de sa main durant son sommeil, de dormir avec le chemisier qu'on lui avait offert... figurent parmi les réactions considérées étranges, mais tout à fait normales dans les circonstances.

Un deuil dit anormal ou compliqué peut survenir dans diverses circonstances et résulte de plusieurs causes. Quand une personne a déjà connu des phases dépressives ou des épisodes de panique, la perte et le deuil qui s'ensuit apparaissent d'autant plus comme une période de fragilisation ; c'est pourquoi l'endeuillé doit être vigilant et examiner la nature de ses réactions. Sont-elles intimement associées au deuil récent, ou sont-elles tributaires d'une dépression enfouie et qui remonte à la surface ? Une personne qui aurait vécu un deuil précoce, par exemple la perte d'un parent alors qu'elle était encore très jeune, et qui à l'époque aurait été exclue ou éloignée des événements entourant la mort de son parent ou des célébrations funéraires, risque de confondre une perte récente avec une autre beaucoup plus ancienne et non surmontée. C'est encore plus vrai si le parent est mort par suicide et si les doutes de l'enfant au sujet des circonstances du décès n'ont jamais été confirmés. Autrement dit, le deuil précoce vécu par l'enfant, s'il n'a pas été intégré, se terre à l'intérieur jusqu'à ce qu'il trouve une voie de sortie à travers un autre deuil important à l'âge adulte.

D'autres deuils non reconnus socialement peuvent entraîner des complications. La mort d'un proche par meurtre, largement médiatisée, la mort par inadvertance (écraser un enfant sous les roues de sa voiture), perdre un proche à cause de sa consommation abusive de drogues ou tuer accidentellement un ami dans un accident de chasse sont quelques exemples de deuils qui ne sont pas faciles à confier. La peur du jugement d'autrui et l'isolement prolongé qui en découle peuvent aggraver la souffrance de l'endeuillé.

Il arrive que la mort à la suite d'une longue maladie vienne détruire un couple fusionnel dont l'attachement était si fort qu'aucun des deux ne pouvait vivre sans l'autre. Celui ou celle qui reste se dit alors incapable de fonctionner seul, souffre d'une perte d'estime de soi qui risque d'anéantir pendant un long moment les forces requises pour qu'il se relève. Une autre complication du deuil est imputable à des conflits non réglés. Quand nos derniers mots adressés à un mourant ont été durs et que nous comptions sur le lendemain pour nous réconcilier avec lui, la mort survenue brusquement contrecarre le désir d'adoucir le message, maintenant ineffaçable. Le sentiment de culpabilité qui en découle risque de s'incruster, de se prolonger. Les regrets, les reproches et l'incapacité pour l'endeuillé de pardonner ou de se pardonner peuvent alors faire beaucoup de dommages.

Les incidents collectifs (naufrages, tremblements de terre, tornades...), où s'entremêlent morts et blessés, particulièrement quand ils surviennent à l'étranger, provoquent un choc dont les ondes se propagent dans un très large spectre. Parfois, les corps sont mutilés, introuvables ou méconnaissables, ce qui rend le deuil encore plus accablant, surtout si par surcroît l'un des membres de la famille éprouvée est atteint d'une maladie grave. La personne en deuil se ferme pour ne pas sentir le poids de la perte ; elle aura tendance à geler ses émotions pour s'épargner une douleur intolérable.

Les grossesses interrompues à cause d'anomalies ou de malformations, les avortements décidés pour d'autres raisons, la mort du poupon au moment de la naissance ne sont malheureusement pas toujours considérées comme des pertes majeures, et cela contribue à la difficulté pour l'endeuillé de partager et de surmonter sa souffrance.

Le délaissement des rituels et des cérémonies funéraires, ainsi que l'isolement qui en découle, entraînent un repli sur soi qui, à long terme, finit par engendrer des symptômes psychologiques graves (anxiété, dépression, alcoolisme...). La personne qui souffre ne fera pas forcément le lien entre ses nouveaux comportements et son deuil escamoté.

L'un des deuils les plus difficiles est très certainement le deuil après un suicide. La famille élargie, les amis, les collègues n'oseront pas aborder le sujet avec l'endeuillé. « Il s'ensuit souvent une conspiration du silence qui donne au deuil une couleur particulière... Les proches ne peuvent tolérer l'idée du suicide et lui substituent une autre cause pour expliquer la mort. On parle d'accident ou de maladie.

Les endeuillés par suicide forment un groupe à risque pouvant davantage reproduire, par imitation, identification ou autopunition, le geste du défunt[92]. »

Certaines personnes, après avoir perdu un être cher, se retrouvent répétitivement dans des situations potentiellement dangereuses : conduite en état d'ébriété, sports extrêmes, négligence de la santé, etc. Inconsciemment, l'endeuillé cherche à sortir de son emmurement et à aller rejoindre le défunt. Selon Hanus, « les complications du deuil se manifestent essentiellement dans trois directions : la dépression chronique, la prise inconsidérée de risques et la dégradation de la santé[93] ».

Les personnes en proie à un deuil compliqué auront avantage à consulter un professionnel de la santé pour surmonter la pathologie. Le deuil n'est pas une maladie, mais il peut rendre malade si on le gèle, le diffère ou l'ignore. Le psychologue peut accueillir l'endeuillé en détresse et l'aider à déterminer des stratégies de reconstruction. Dans les cas d'anxiété élevée ou de dépression grave, qui peuvent faire surgir des idées suicidaires, une médication jumelée à la démarche thérapeutique s'avère essentielle. Certains psychiatres connaissent bien les complications reliées au deuil ; une consultation dans cette direction pourrait éviter le prolongement du dérapage. D'autant plus que « les limites entre les deuils simplement difficiles et les deuils compliqués ne sont pas toujours faciles à déterminer[94] ».

---

[92] JACQUES, Josée, *Psychologie de la mort et du deuil*, Montréal, Modulo, 1998, p. 90-91.

[93] HANUS, Michel, « Deuils normaux, deuils compliqués, deuils pathologiques », *Frontières*, vol. 9, n° 3, hiver 1997, p. 5-9.

[94] HANUS, Michel, *La mort retrouvée*, Paris, Frison-Roche, coll. Face à la mort, 2000, p. 304.

Un certain nombre d'individus se disent incapables d'affronter le défi d'intégrer la perte et de continuer leur vie. S'ajoutent à leur tristesse une atteinte du fonctionnement quotidien et une perturbation profonde du sens de ce qu'ils sont, de leurs projets et de leur lien avec le monde. Les symptômes de détresse causée par la séparation sont intenses et persistants ; les endeuillés de ce type éprouvent une sorte d'engourdissement et de négation. Leur vision du monde est déconstruite, leur identification pathologique avec le mort fait que leur colère persiste ; la durée des symptômes graves dépasse largement les six premiers mois après la perte, et l'endeuillé fonctionne difficilement dans les sphères de la vie courante, laissant entrevoir un dénouement compliqué.

Contrairement à ce que certains croient, le but du deuil n'est pas d'oublier, mais plutôt de se souvenir du défunt, de comprendre les changements occasionnés par la perte, et de déterminer comment réinvestir sa vie. La peur d'oublier le défunt s'exprime souvent ainsi : on s'efforce de fonctionner sans l'autre, de cesser de pleurer, de cesser d'y penser constamment, mais en même temps on ne veut pas l'oublier. Le sentiment de culpabilité que produit une telle démarche est pour un temps extrêmement difficile à gérer. L'endeuillé s'efforce de rester intimement relié à la personne décédée. Les moments de plaisir et le bonheur retrouvé conduisent certains à éprouver de la honte. Comment puis-je rire à nouveau, alors que le défunt a tant souffert, tant pleuré ? Comment puis-je apprécier les beautés de la vie, alors que mon bien-aimé ne peut plus en jouir ? Je me souviens d'une mère qui avait perdu son fils de 18 ans écrasé, sous les roues d'un chauffard. Je l'ai vue dépérir au fil des semaines : perte massive de poids, de ses cheveux, de sa motivation, de sens concernant l'avenir de son couple, de ses compétences et de ses repères avec ses autres enfants... jusqu'au jour où elle m'a dit : « Pour la première fois, j'ai vécu aujourd'hui un instant de bien-être. J'étais au sommet d'une montagne et, devant l'immensité de l'univers, j'ai ressenti une grande émotion, de la gratitude. Cela n'a duré que quelques minutes, mais j'ai compris qu'il me serait alors possible de récupérer une partie de moi et de reconstruire l'autre moitié démolie. »

Se reconstruire après la tourmente bien souvent passera par la créativité. Elle peut être artistique, mais aussi se traduire par la mise sur pied d'une association, d'une fondation, d'une activité commémorative pour surmonter le manque. Un père en deuil de sa fille assassinée a créé l'Association des familles des personnes assassinées ou disparues (l'AFPAD) : « Ma façon de vivre le deuil, c'est dans l'action : tant et aussi longtemps qu'une famille ayant connu un meurtre ou une disparition criminelle n'en rencontre pas d'autres ayant vécu la même expérience, elle a l'impression d'être seule au monde[95]. »

Puissions-nous apprendre du passé, jouir du présent et rebondir dans un avenir fortifiant. De manière générale, la souffrance nous entraîne vers l'un des plus grands deuils que nous aurons à vivre, et ce, à maintes reprises : le deuil de nos illusions. Nos croyances, nos convictions, nos théories personnelles ne pourront tenir sans évoluer : tôt ou tard, nous serons déstabilisés, interpellés et nous devrons nous ajuster au mouvement de la vie et de la mort. L'endeuillé, même abattu, s'enrichira un jour de ce qu'il croit avoir perdu.

---

[95] BOISVENU, Jean-Hugues et Diane, « Vivre sans leurs filles », dans MICHAUD, Josélito, *Passages obligés*, Montréal, Libre Expression, 2006, p. 216.

Pour mieux comprendre cette évolution qui lui est nécessaire, méditons sur ce passage d'une lettre signée Doris Lussier : « Il me semble impensable que la vie se termine bêtement par une triste dissolution de la matière, et que l'âme, comme une splendeur éphémère, sombre dans le néant après avoir inutilement été le lieu spirituel et sensible de si prodigieuse clarté, de si riche espérance et de si douces affections. Il me paraît répugner à la raison de l'homme autant qu'à la providence de Dieu que l'existence ne soit que temporelle et qu'un être humain n'ait pas plus de valeur et d'autre destin qu'un caillou. Ce que je trouve beau dans le destin humain, malgré son apparente cruauté, c'est que, pour moi, mourir, ce n'est pas en finir, c'est continuer autrement. Un être humain qui s'éteint, ce n'est pas un mortel qui finit, c'est un immortel qui commence[96]. »

Cette perspective à l'endeuillé mettra peut-être du baume sur sa blessure.

---

[96] LUSSIER, Doris, « Pour être un bon mourant », dans http ://lagentiane.org/textes/texte-004.htm, Textes d'espoir, La gentiane, Service des Coopératives funéraires du Québec.

45

La mort annoncée est-elle moins éprouvante pour les proches que la mort subite ?

Pour le malade, la mort annoncée peut se vivre comme une libération, mais aussi comme un drame, par exemple si l'accompagnement fait défaut ou si ses douleurs ne sont pas apaisées. La mort annoncée et accompagnée ouvre la voie à une vie qui devient d'autant plus précieuse qu'elle est précaire. Plus la fin approche, plus la vie se fait riche d'attachements, malgré les impasses et les deuils. Tous les détails comptent, le temps qui reste est palpable, tous prennent conscience de son écoulement continu. L'accompagnement favorise donc une halte partagée, nous dispose magnifiquement à accueillir l'autre. La vie extérieure se met alors entre parenthèses et laisse la place à la relation.

Mais parfois, les dynamiques relationnelles antérieures à l'annonce de la mort prochaine ont été vécues dans le drame ou dans le chaos. Les liens d'attachement n'ont pas forcément été pour tous, à la base, une expérience d'amour ou de sécurité affective. Ainsi, malgré le passage des années, il n'est pas garanti que les troubles relationnels soient réparés ni surmontés du vivant du malade.

Toutefois, le désir d'aimer et d'être aimé ne lâche pas facilement. Quand l'épreuve frappe dur, l'individu se met en attente, il espère, il se sensibilise aux besoins des autres et cherche à se rapprocher des siens ou à renouer avec eux. L'idée de mourir au milieu de conflits non réglés constitue une souffrance aussi percutante que la douleur physique, et souvent elle l'accentue. Le ressentiment, les regrets, la dévalorisation de soi et des autres empêchent la réconciliation. À ce stade, on cherche à passer l'éponge sur les vieilles mésententes. La demande de pardon mutuel pourrait alors, *in extremis,* apaiser l'état psychologique du mourant et adoucir les réactions du survivant. Dans ce sens, la mort annoncée donne la chance à la personne en fin de vie et à ses proches d'engager ou de rétablir une communication essentielle, tandis que la mort soudaine peut voler toute réconciliation, et même les dernières paroles que le proche aurait aimé livrer au défunt.

Quand la mort d'une personne aimée survient d'une manière inattendue ou accidentelle, ceux qui restent expérimentent un état de choc et de désorientation intense. Voir un proche mourir sans avertissement fait voler notre propre monde en éclats. Quelque chose défaille au plus profond de nous quand l'être aimé sombre subitement à nos côtés. Le choc est grand et une impression d'irréalité s'installe. Le survivant s'en trouve psychiquement anesthésié. Il ne parvient pas à intégrer la brutalité du constat, il en a le souffle coupé. Les images du défunt s'incrustent insidieusement dans la mémoire du témoin marqué pour la vie.

Comment les gens se sont-ils quittés avant d'être séparés par la mort ? Quels ont été les derniers mots échangés ? Le dicton populaire nous incite à vivre comme s'il s'agissait du dernier jour, de notre dernière conversation ou d'une dernière chance, mais cette discipline n'est pas facile à tenir, est-elle même réaliste, nous assure-t-elle vraiment d'être satisfaits du dernier rendez-vous ? La représentation de notre propre mort autant que la réalité de la mort de l'être aimé n'est pas assimilée d'emblée. Dans les faits, la mort advient, mais dans nos fantasmes, nous projetons notre vie et celle de nos proches à l'infini. Ce qui revient à dire, comme nous l'explique Marie de Hennezel dans ses nombreux écrits sur la mort imminente : « Je sais que je vais mourir, mais je n'y crois pas[97]. » Cette forme de déni s'entend comme l'ultime désir d'exister pleinement avant de disparaître pour toujours. Il en est de même pour les proches au moment de perdre un être cher : « Je sais qu'il est mort, mais je n'y crois pas. »

Par son caractère éphémère, la vie annonce très tôt sa finitude, mais on intègre cette réalité souvent trop tard. L'attachement sain et le détachement graduel constituent la pratique de toute une vie. Aimer dans une proximité juste, tout en développant son aptitude à la solitude érige aussi les remparts nécessaires pour affronter l'annonce d'une maladie incurable ou les affres d'une perte inattendue. Impossible de rester à jamais à l'abri, une impasse quelque part nous attend, mais tout notre être pourra aussi se mobiliser le moment venu.

Le coussin gonflable d'une voiture évoque le coussin psychique qui réside au fond de chacun de nous. Quand le choc est faible, il demeure inactif, mais quand survient un drame, il se déploie entièrement. C'est dans ce sens que l'on pourra compter sur soi tout en s'appuyant sur les siens. Chacun découvre tôt ou tard la force de vivre ce qui lui arrive, la mort annoncée autant que la perte subite.

---

[97] DE HENNEZEL, Marie, *Un temps pour mourir*, allocution à l'Église Notre-Dame de Paris, 23 mars 2006.

Les épreuves ne peuvent pas être tenues en laisse, elles frappent ici et là sans discrimination. Elles peuvent écraser quelqu'un sans qu'il puisse se relever ou le stimuler dans sa capacité de rebondissement. Plusieurs facteurs expliquent ces différences : l'état de santé psychique de la personne au moment où elle affronte l'épreuve, son âge, ses ressources personnelles et celles de son entourage, sa personnalité, son histoire familiale.

La mort annoncée et la mort subite se traduisent pour les proches en une perte permanente. La traversée du deuil ne repose pas exclusivement sur les circonstances entourant la mort, mais elle dépend du style d'attachement de la personne et de son aptitude à vivre sans l'autre. Bref, plus que les circonstances entourant la perte, la capacité d'intégrer la relation préexistante est déterminante.

46

Les groupes de deuil
sont-ils plus bénéfiques
que les rencontres individuelles ?

Les groupes de soutien permettent aux endeuillés de rompre l'isolement, de partager leurs récits, de saisir les différentes étapes de la traversée, de faire des recoupements avec leur propre histoire, de développer un sentiment d'appartenance et de créer un réseau d'amitié. Ces groupes sont nombreux, variés, et tentent de répondre aux différents besoins de la communauté. Le plus répandu est sans doute le groupe de parole dans lequel les personnes en deuil sont invitées à décrire les circonstances de leur perte et les sentiments qu'ils éprouvent. Ces groupes réunissent entre 8 et 12 endeuillés sur une période allant de quelques semaines à quelques mois. Les personnes sont regroupées selon leurs caractéristiques : il y a par exemple des groupes de veuves, de parents, d'adolescents ou de collègues. Le groupe est soutenu par un animateur qui veille à faciliter la parole de chacun et à respecter le silence des autres. D'autres groupes sont destinés à des personnes gravement malades dont le temps est compté. Ils permettent de les accueillir afin de les accueillir dans leur expérience singulière et de leur offrir un espace de réflexion, d'organisation et d'expression par rapport à la vie, à la perte et à la menace de mourir. Il existe aussi des groupes axés sur la création artistique (par exemple le dessin ou la musique), des activités sportives (la marche, la natation), culturelles (le théâtre, le cinéma) ou encore de détente (la méditation, le yoga). Ces groupes sont spécifiquement conçus pour venir en aide aux personnes en deuil qui souhaitent orienter leur vie autrement ou se retrouver parmi des personnes qui n'aborderont pas directement leur épreuve, mais qui tenteront de la surmonter par des moyens dynamiques et correspondant à leur personnalité.

On a observé que dans les durs moments du deuil, les groupes de soutien donnent des résultats plus probants que les rencontres individuelles. Le cadre étant mieux défini (nombre de personnes, de rencontres, temps alloué à la parole, à l'écoute), l'évolution de chaque membre est peut-être évaluée plus clairement. Mais une personne qui entreprend seule sa démarche thérapeutique prend aussi conscience de l'absence définitive de l'être aimé et peut vivre le deuil comme une occasion de s'adapter à un *passage obligé*. Elle cherche plus précisément à réorienter sa propre trajectoire. Le grand avantage de consulter individuellement un psychologue est qu'il s'agit d'une démarche en profondeur, mais dont la durée n'est pas nécessairement établie au préalable et pourra varier selon les besoins. L'itinéraire n'est pas tracé d'avance. Le deuil est parfois le déclencheur d'épreuves relationnelles sous-jacentes qui n'ont jamais été mises au jour. Il fait alors resurgir des pertes antérieures qui, à une époque, avaient été minimisées, ignorées ou reportées à plus tard par l'endeuillé pour lui permettre d'exercer ses responsabilités, entraînant ainsi le gel de sa peine. Une forte majorité d'endeuillés optent pour une démarche privée, considérant le deuil comme un tournant majeur et infiniment personnel.

Prendre conscience de son rapport avec la perte peut se faire à la fois en groupe et en consultation individuelle. Il arrive que des personnes entreprennent tour à tour une démarche en groupe et une autre individuelle. Elles maximisent alors leurs chances d'évoluer dans un laps de temps plus court. Pour certains endeuillés, c'est l'intimité de la rencontre qui permet les confidences, alors que, pour d'autres, l'échange en groupe facilite la communication. Certains entrent dans un groupe afin de ne pas rester seuls, alors que, pour d'autres, la solitude agira comme un tremplin leur permettant de renouveler leurs contacts. La personnalité de chacun est un facteur important de décision devant ces deux options. Le profil de chacun et le style de vie précédant la perte tendent à déterminer les choix ultérieurs. Certaines personnes verront dans le deuil l'occasion de revisiter leurs habitudes, leurs priorités, et de tenter des changements. L'être humain est en mouvement constant, et certains événements précipitent sa transformation. Cela explique pourquoi des êtres autrefois très isolés et discrets deviendront, à la surprise de tous, des personnes sociables et altruistes. L'idée de s'entraider dans un groupe d'endeuillés contribue au sentiment d'utilité que la mort d'un proche aura bien failli anéantir. Les personnes pour qui la confiance l'emporte sur le doute ont naturellement l'élan de rejoindre un groupe, et elles trouvent en chaque membre des pistes élargies pour un cheminement individuel. Mais pour les personnes plus réservées ou plus craintives, celles qui ont peur du jugement des autres, par exemple, la consultation individuelle semble plus appropriée.

Le deuil est à la fois unique et universel. On y retrouve des particularités propres aux circonstances et à l'histoire de chacun, mais on y découvre aussi des similitudes étonnantes, comme les peurs que suscite la nouvelle situation ou les états d'âme qui oscillent entre la détresse et l'espoir d'une relance affective. Le groupe permet de constater la ressemblance des phénomènes, alors qu'avant d'y adhérer l'endeuillé les vivait en réclusion.

Même quand la perte n'a pas entraîné de graves dégâts psychologiques, certaines personnes chercheront à consulter à titre préventif, s'assurant ainsi de ne pas sombrer au moindre incident. Non seulement le suivi de deuil permet-il de soutenir l'être éprouvé, il l'informe aussi que ses réactions sont normales, il le renseigne sur la gravité des symptômes et sur les manifestations qui peuvent resurgir. De tels bénéfices proviennent autant d'une démarche individuelle que des rencontres en groupe.

Il existe encore d'autres éléments à considérer par rapport aux groupes. Qui en fera partie ? Des personnes auxquelles nous nous identifions, avec qui nous fraternisons facilement, qui nous sont sympathiques ou au contraire qui nous rebutent ? C'est une chance à prendre, mais pourquoi pas ? Il sera toujours possible de nous retirer si nous n'y trouvons pas le réconfort recherché. La même chose vaut pour les rencontres individuelles. L'accueil qui nous est réservé favorise-t-il la démarche personnelle ? La personne qui nous ouvre la porte est-elle sensibilisée au trou que cause la perte au plus profond de soi ? Ce sont là des motifs décisifs d'un côté comme de l'autre.

La perte par la mort creuse indubitablement un fossé entre la vie d'avant et celle qui s'impose désormais, différente. Le chemin du deuil est chaotique, mais il promet aussi un débouché sur de nouvelles possibilités. On ne pourra supprimer la souffrance du deuil sans y faire face, sans y entrer par la première marche et gravir tous les échelons. Le défi varie d'un individu à l'autre, la complexité humaine faisant également partie du processus de transformation. Le deuil, c'est un travail qui exige de la patience, de la confiance, du soutien affectif et de la créativité personnelle.

Le travail de deuil, qu'il soit entrepris en groupe ou individuellement, fait appel à l'espoir de découvrir au sortir de l'impasse des forces jusque-là latentes, dorénavant mises en branle pour surmonter la perte.

47

Qu'est-ce que la résilience ou « le ressort invisible » chez une personne en deuil ?

Le mot « résilience » signifie la capacité de rebondir après l'épreuve. Plus spécifiquement, « la résilience est à la fois la capacité de résister à un traumatisme et celle de se reconstruire après lui[98] ». Il s'agit du ressort psychologique qui attend, tapi dans le fondement de la personne et qui se déploie, tel un parachute, au moment où il fait face à une situation extrême. La résilience caractérise aussi certaines personnes capables de se relever après avoir perdu un être cher dans des circonstances tragiques, par exemple le meurtre, le suicide ou la disparition. Le travail de deuil procède du défi de retrouver le fil de sa vie. Marie Anaut décrit ce processus comme « la capacité de sortir vainqueur d'une épreuve qui aurait pu être traumatique, avec une force renouvelée[99] ». Cyrulnik et Duval rappellent que la résilience, d'un point de vue purement descriptif, désigne « la capacité qu'ont les personnes ayant vécu des situations

---

[98] Tisseron, Serge, *La résilience*, Paris, PUF, coll. Que sais-je, 2007, p. 9.

[99] Anaut, Marie, *La résilience. Surmonter les traumatismes*, Paris, Nathan, 2003, p. 33.

difficiles (deuils, pertes, maladies graves, agressions) à trouver en elles les ressources permettant de traverser victorieusement ces difficultés et de vivre normalement[100] ». C'est l'équivalent du « ressort invisible » évoqué par Gustave-Nicolas Fischer, qui aborde cette question sous tous ses angles.

La résilience offre un ancrage pour ne pas être emporté par l'épreuve. Il s'agit d'une réaction à un événement brutal (la survie à un écrasement d'avion), à un traumatisme (le viol et la peur de mourir qui l'accompagne), à un deuil soudain (la perte par suicide). Les stratégies d'adaptation qui succèdent à ces événements s'étendent sur des durées variables. Ils entraînent inévitablement un état de deuil dû à la perte de nos illusions (« Je ne croyais pas qu'un événement extrêmement grave risquait de m'arriver, je me pensais invincible ») et à la fragilisation de notre sécurité autrefois inébranlable (« Je n'avais encore jamais vécu une épreuve aussi forte »). Autrement dit, survivre à un événement soudain, brutal ou catastrophique non seulement entraîne un choc violent, met en branle notre instinct de survie ou fait surgir une force insoupçonnée, mais les pertes qui s'ensuivent et les changements qui s'imposent engendrent aussi un état de deuil. « C'est notre manière de penser le monde qui désormais s'effondre ; nos propres théories sur la réalité volent en éclats[101]. »

Le travail de guérison psychique s'étale sur deux axes à la fois distincts et connexes, à savoir l'instinct de survie (la capacité de rebondir) et le lent processus de deuil qui s'ensuit (le consentement à ce qui n'est plus). « La résilience

---

[100] CYRULNIK, Boris, et Philippe DUVAL, *Psychanalyse et résilience*, Paris, Odile Jacob, 2006, p. 205.

[101] FISCHER, Gustave, *Le ressort invisible. Vivre l'extrême*, p. 25.

et le deuil entretiennent des relations mitigées. Tantôt elles semblent aller dans le même sens, tantôt elles divergent, donnant même le sentiment de s'opposer[102]. » Les réactions de deuil oscillent donc entre le courage d'avancer et la tentation d'abdiquer, tandis que la résilience fait appel à un surcroît d'énergie alors même que tout s'effondre autour de soi.

Certaines conditions sont nécessaires pour développer la résilience et surmonter le deuil : la perception de l'événement traumatique (la lecture que chacun fait de son drame), l'estime de soi (la confiance en son propre potentiel), l'empathie (c'est-à-dire l'envers du repli sur soi), le sens de l'humour, le recours à l'imagination, c'est-à-dire la faculté de transcender la trop dure réalité par la créativité, par exemple en transformant l'épreuve en une œuvre d'art ou en un projet social. La mère d'un jeune homme emporté par le tsunami de 2004 intitule son livre *Au-delà des caprices de l'eau* ; un père en deuil de sa fille assassinée crée l'Association des familles de personnes assassinées ou disparues ; une femme perd sa meilleure amie dans la trentaine et publie un récit sur l'importance de l'accompagnement ; un adolescent perd son frère par suicide, il compose un poème pour exprimer son cri et en fait la lecture dans les écoles ; un conjoint perd sa bien-aimée à la suite d'un cancer foudroyant, il devient bénévole auprès des malades ; une jeune fille perd sa petite sœur par homicide, elle contribue à faire changer la loi sur les permis de port d'armes ; un petit garçon perd sa mère au moment de sa naissance, il deviendra médecin accoucheur...

---

[102] HANUS, Michel, *La résilience à quel prix ?* Paris, Maloine, 2001, p. 70.

La résilience n'est pas l'apanage d'un type de personnalité donné, ni un acquis immuable, et elle ne peut être stimulée par la seule volonté de se sortir du marasme. Elle est tributaire d'une structure cognitive déjà solide, de relations affectives fiables, de ressources personnelles comme la débrouillardise, la détermination, la capacité d'élaborer un sens à l'événement, de donner une nouvelle direction à sa vie et de consentir à sa propre métamorphose. D'autres ressources s'avèrent tout aussi essentielles pour surmonter la perte, comme l'appui financier, le recours à des services professionnels ou à un réseau de soutien.

L'endeuillé est comme un survenant. Il revient de loin. Il refait surface après une plongée périlleuse au tréfonds de son être. Il est généralement animé du goût de vivre, d'aimer et de donner. Il privilégie le don de soi comme l'expression de sa chance inouïe de vivre, de porter et de continuer l'œuvre ou la parole des disparus. Il agit comme un porte-étendard. Marie-Chantal Deetjens précise que « ce qui rend le résilient extraordinaire, ce ne sont pas les épreuves qu'il a traversées, mais sa façon de s'en sortir encore plus fort. C'est ce qu'il a retenu de ses expériences, sa manière de les percevoir et de s'en détacher [103] ».

La résilience caractérise aussi ces personnes qui, confrontées à leur mort imminente, trouvent encore les moyens de nous rejoindre et de partager leur expérience avant de partir. Au cours des six mois précédant sa mort, Christiane Singer nous a livré un témoignage d'exception : « Nous souffrons de l'interprétation des choses, jamais des choses elles-mêmes... Beaucoup vivent la maladie comme une

---

[103] Deetjens, Marie-Chantal, *L'art de rebondir après la souffrance. Résilience et autodétermination*, Montréal, Quebecor, 2005, p. 34.

pause douloureuse et malsaine. Mais on peut aussi monter en maladie comme vers un chemin d'initiation, à l'affût des fractures qu'elle opère dans tous les murs qui nous entourent, des brèches qu'elle ouvre vers l'infini. Elle devient alors l'une des plus hautes aventures de la vie. Si tant est que quelqu'un veuille me la disputer, je ne céderais pas ma place pour un empire[104]. »

---

[104] Singer, Christiane, *Derniers fragments d'un long voyage*, p. 15, 29.

48

**Depuis la perte récente de ma sœur,
je songe à faire du bénévolat
en soins palliatifs.
Est-ce une bonne façon
de soulager ma peine ?**

C'est la nature de la motivation du bénévole qui est ici déterminante. Travailler en soins palliatifs expose le bénévole à des moments heureux et gratifiants, mais parfois difficiles et poignants ; or, confondre un fragment de l'histoire d'autrui avec sa propre dynamique familiale peut faire resurgir un deuil personnel, s'il n'est pas tout à fait surmonté. Plusieurs bénévoles ressentent l'envie de donner après avoir reçu. Mais il y a un moment idéal pour offrir ses services. Il est conseillé d'attendre qu'une année complète se soit écoulée après la perte d'un être cher avant de s'aventurer dans un milieu où sont vécues des pertes multiples.

Le bénévolat procure généralement un sentiment d'accomplissement et de gratitude, et ses bienfaits sont inattendus, imprévus, surprenants. La solitude qu'impose la perte d'un proche ouvrira la voie à une sollicitude. Dans le processus de deuil, l'expérience de la solitude éveille pour la plupart des gens un besoin de fraternité, d'affectivité et de chaleur humaine. « La solitude constitue une aire de réflexion qui, bien utilisée, peut atténuer la douleur du départ[105]. »

La place du bénévole est sobre, discrète ; il ne doit pas s'imposer. Le bénévole est sensible à ce qu'exprime l'autre, à ses besoins concrets et aux petits détails de la vie quotidienne. Que le bénévolat ait lieu au domicile d'une personne malade, à l'hôpital durant ses traitements en phase terminale, ou dans tout autre contexte, son rôle est capital ; il assure un répit à la famille épuisée. Il est donc nécessaire que le bénévole ait recouvré sa pleine énergie à la suite d'une perte personnelle. La motivation liée au don de soi dans l'exercice d'un travail non rémunéré, et plus particulièrement en soins palliatifs, émane effectivement pour un grand nombre de personnes d'une expérience de perte personnelle antérieure bien intégrée. Plusieurs bénévoles nous confirment que leur épreuve de la perte est à l'origine du désir de soigner d'autres malades. Cependant, leur expérience de souffrance n'est pas récente.

En 2009, j'ai fait une tournée bien stimulante dans plus de dix villes du Québec pour donner une formation d'un jour à plus de 1200 bénévoles sur les thèmes de l'accompagnement, de la perte et de l'écoute, dans le cadre des Rendez-vous annuels du Centre Berthiaume-Du-Tremblay. La générosité des bénévoles m'a littéralement conquise. Des personnes de tous âges et horizons, de diverses cultures, aux talents multiples, offrent une présence consciencieuse, une écoute réservée et des services variés à des personnes aînées

---

[105] BUREAU, Jules, *Le goût de la solitude*, Montréal, Méridien, coll. Psycho-Santé, 1997, p. 23.

limitées par une maladie, par un handicap ou par un déficit cognitif important. Cet élan du cœur et cette disponibilité dans le temps m'émeuvent. Les bénévoles apportent beaucoup d'espoir dans un monde où les gens vieillissants se retrouvent de plus en plus seuls, isolés, parfois démunis et sans ressources financières.

Le bénévole qui aura développé sa propre sécurité intérieure pourra travailler avec aplomb et inspirer la confiance dans ses qualités relationnelles. L'aidé éprouve le besoin de s'appuyer sur un aidant afin d'affronter les petits et les grands changements dans sa vie. Selon Jacques Godbout, « le don authentique suppose un altruisme véritable ». Sa réflexion à propos de la gratuité du don, ou du don comme remboursement d'une dette personnelle, nous incite à approfondir nos motivations en ce qui concerne l'art de donner aux autres ce qui nous a été retiré. L'hypothèse de l'auteur est que le désir de donner est aussi important que celui de recevoir. « La motivation de loin la plus importante qui ressort pour expliquer l'engagement, par exemple dans l'action volontaire, c'est le fait qu'on a beaucoup reçu : de sa famille, de son milieu, de la vie en général... Quoi qu'il en soit, les personnes qui font de l'action volontaire le font par plaisir et retirent plus que ce qu'elles donnent, même chez les bénévoles, c'est-à-dire dans les groupes où le service rendu est unilatéral et non réciproque. Aussi le bénévole dira-t-il : ce n'est pas par grandeur d'âme que j'agis, je reçois tellement des gens que j'aide[106]. »

Certains nous confient aussi que, n'ayant pu accompagner un proche pour différentes raisons au moment où

<hr />

[106] GODBOUT, Jacques T., en collaboration avec Alain CAILLÉ, *L'esprit du don*, Paris, La Découverte, 1992, p. 108-109.

les événements se précipitaient, ils ont le sentiment d'avoir manqué un rendez-vous ; ils souhaitent maintenant s'engager dans le bénévolat afin de vivre une expérience qui leur donnera peut-être le sentiment de ne pas avoir tout raté. C'est un peu comme s'ils ressentaient le besoin de rembourser une dette. L'idéal serait de poser sa candidature comme bénévole poussé par un mouvement intérieur, mais sans raison précise, avec le seul réflexe d'aider les autres, de se rendre utile. Est-ce réaliste ? Quand même, certains nous donnent nettement l'impression de remplir leur fonction librement, avec la joie pure et simple de servir.

La perte d'autonomie insécurise le malade et, en réaction, il pourrait s'opposer farouchement à ce qu'il considère, dans un premier temps, comme la dépendance d'un étranger. Avec tact, le bénévole lui tendra la main, lui offrira son écoute, lui proposera son soutien sans rien attendre en retour. Accepter, pour le malade, de recevoir de l'aide et, pour le bénévole, de la donner exige une démarche d'humilité de part et d'autre. Le bénévole peut aussi être perçu au début comme un intrus, comme une personne étrangère qui vient s'immiscer dans une vie privée. Dans ce sens, le bénévole doit développer l'art de la rencontre. Ses gestes gratuits sont d'abord redoutés, car très peu de gens y croient d'emblée. Pour dire oui à l'aide offerte, il faut avant tout se reconnaître comme étant affaibli par les circonstances, il faut oser se montrer tel qu'on est, s'abandonner aux soins de l'autre. Avec le temps, la relation d'aide atténue les souffrances de l'un et agrandit le sentiment d'accomplissement chez l'autre. Le bénévolat nécessite de la modestie. Un jour nous aidons, un jour nous serons aidés. Le service rendu à autrui nous reviendra par un geste aimant administré par une autre personne.

Aucun bénévole ne ressentira la plénitude convoitée s'il n'a pas d'abord entrepris un travail de maturation personnelle aux différents âges de sa vie. Bien inconsciemment, il lui arrive parfois de partir à la rescousse des autres pour échapper à son propre désarroi. Ses intentions d'aider demeurent légitimes, mais, à cause de l'exigence de sa mission, il peut commettre des erreurs de parcours et des maladresses importantes s'il se précipite dans l'action bénévole sans préparation. Afin d'élargir son potentiel de donneur, le bénévole procède à un travail d'introspection, c'est-à-dire qu'il jette un regard sur ses attitudes et ses connaissances, il profite d'un partage avec ses pairs, d'une supervision ponctuelle avec un professionnel de la santé ainsi que du soutien d'un coordonnateur.

Parfois, les gens vulnérables, et plus particulièrement les personnes âgées, n'oseront pas refuser une aide devant l'insistance de la personne qui leur offre ses services. Il arrive, et c'est regrettable, que la personne la plus démunie tente de consoler, d'aider ou d'encourager le bénévole qui lui expose les détresses de sa vie. Révéler une partie de soi et de ses expériences à l'autre n'est pas interdit, mais il faut se demander si ces confidences faciliteront le chemin du malade ou si, au contraire, la crainte d'affecter son bénévole l'empêchera de s'exprimer. Quelques faux pas sont inévitables, autant pour les bénévoles que pour les professionnels de la santé, mais ils ne seront fort probablement ni destructeurs ni irréparables. La complexité humaine nous rend à la fois faillibles et perfectibles. Le bénévolat fait dans les règles de l'art constitue l'une des plus belles formes de réalisation de soi.

49

Comment faites-vous
pour voir la mort au quotidien ?
Les soignants ne sont-ils pas déprimés
à force de perdre ?
Peuvent-ils vraiment se ressourcer
et demeurer efficaces ?

Ceux qui choisissent de travailler en soins palliatifs sont devenus capables de composer avec la souffrance, soit par nature, soit parce qu'ils ont surmonté une épreuve personnelle. Certains diraient d'eux qu'ils sont « des anciens blessés guéris ». Chaque soignant perçoit son travail comme un engagement, une mission et même une vocation. Il désire profondément œuvrer auprès de l'autre, s'inscrire dans une relation d'aide substantielle, donner le meilleur de soi, toutes choses qui lui permettent aussi de se réaliser. Des qualités spécifiques au contexte des soins palliatifs s'avèrent essentielles : *le discernement* : ne pas confondre l'histoire de l'autre avec la sienne ; *la maturité* : accueillir les récits de vie imprégnés de valeurs différentes des siennes ; *la santé psychologique et physique* : on doit contenir les détresses sans paniquer et rester attentif durant des heures d'affilée pour répondre aux nombreux besoins des malades et de leurs proches ; *l'humeur stable, équilibrée* : les malades et leurs familles sont déstabilisés et cherchent un point d'ancrage dans la personne qui soigne et qui veille à leur bien-être ; *le calme* : pour contrer l'insécurité que vivent les personnes affectées par le processus de mourir ; *la compassion* : cette formidable capacité de vibrer à la souffrance de l'autre sans en être anéanti ; *la discrétion,* cette promesse implicite de toute écoute respectueuse ; *l'intuition* : un guide pour jauger à quel moment être présent et quand se retirer ; *l'ouverture* aux croyances ou à l'athéisme, ainsi qu'aux us et coutumes de chacun, qui varient d'une culture et d'une ethnie à l'autre ; et finalement, *la joie et l'équilibre dans sa vie personnelle,* une condition *sine qua non* pour mener à bien ses objectifs professionnels. Ces façons d'être et d'agir ne sont pas des idéaux, elles sont nécessaires pour garder le cap et le moral devant des situations complexes. Les soignants ne sont pas impliqués dans la dynamique familiale, c'est pourquoi ils peuvent travailler dans une proximité juste et sans vivre la force des émotions que ressent un proche par rapport à la perte.

Il arrive à tous les intervenants de traverser des moments plus difficiles, chez eux comme au travail, et c'est là que le soutien des pairs devient capital. À l'unité des soins palliatifs de l'Hôpital général de Montréal, la direction a toujours saisi l'importance d'offrir à ses soignants une rencontre hebdomadaire d'une heure avec un psychologue, qui assure la fluidité de la parole, l'entraide et l'écoute entre les collègues. Ventiler les émotions reliées aux pertes successives, assurer un attachement juste et un détachement sain avec des êtres qui nous font vivre des moments intenses, libérer le stress que véhiculent les familles en crise, prendre un recul, s'interroger et veiller à une qualité de présence constamment renouvelée, voilà les principaux objectifs poursuivis dans les groupes de soutien destinés au personnel. Le soignant préserve ainsi sa ferveur à travailler, dans un lieu où le spectre de la mort ne réussira pas à déloger son goût de vivre et son engagement envers les vivants. Ce qui me frappe encore aujourd'hui, c'est que, malgré la tristesse reliée aux décès à répétition, la vitalité des soignants compense l'ampleur de leurs pertes. Chacun veille à sa manière à se préserver, à maintenir la flamme du métier, à rester sensible à autrui sans s'effondrer, à s'abreuver à une vie riche d'activités heureuses, de repos bien mérité et de rencontres structurantes.

En soins palliatifs, les services sont actuellement offerts à des malades dont l'espérance de vie se situe entre 7 et 15 jours. Pour le psychologue, c'est dire à quel point il doit développer son aptitude à établir un véritable contact dès la première rencontre, qui pourrait être la dernière. La qualité relationnelle doit s'établir en un temps record. On peut comprendre que, placées devant une telle cadence, les familles soient déchirées entre le consentement à « laisser partir » et la tentation de « retenir » l'être aimé. Évaluer et apaiser l'état psychologique du malade en phase terminale, parfois marqué par une anxiété et des symptômes dépressifs, explorer ses perceptions, ses craintes et ses derniers messages, découvrir des fragments de sa vie, écouter ses préoccupations au sujet de la mort, contrer sa faillite physique en misant sur ses forces psychiques, composer avec le rejet ou les refus du malade, voilà quelques aspects du rôle du psychologue qui aide des personnes en phase avancée de leur maladie. Le psychologue se préoccupe aussi du bien-être et de l'équilibre des proches, qui appréhendent la perte. Le moment est bien choisi pour prévenir un deuil complexe grâce à une certaine préparation.

Accompagnement, intervention, présence, écoute et créativité se manifestent soit par des silences, soit par des paroles dites avec à-propos. Bien sûr, la mort vue en face suscite chez le psychologue un sentiment d'impuissance. L'humilité doit l'emporter sur la tentation des prouesses de l'esprit. Offrir son « être » constitue son principal outil de travail. L'ancrage, l'aplomb, la confiance dans le chemin de l'autre, une présence calme, parfois sans rien dire, mais sans fuir, tenir la main, arrimer son regard à celui de l'autre, porter à deux ses questions sans réponses, contenir les détresses et apprendre de celui qui meurt, voilà un aperçu du parcours journalier du psychologue en soins palliatifs. Il est formé pour intervenir auprès des familles en crise devant l'imminence de la mort et de la perte. De concert avec les autres membres de son équipe, il propose de rassembler la famille avec le malade ou avec son consentement, afin de transmettre une information claire et d'explorer les soucis du groupe. Il garde prioritairement en tête le confort et le réconfort du malade, qui peut être tributaire de la sérénité de ceux qui l'accompagnent. Dans le cadre des soins palliatifs, il est plus facile d'aller au-devant des familles qui, en l'absence de services d'aide, risqueraient l'isolement et la dérive. Les services psychologiques constituent donc un volet essentiel à la protection de la santé mentale des individus qui connaissent de grandes fragilités physiques.

Plusieurs membres de l'équipe soignante assistent aux services commémoratifs qui rassemblent les familles en deuil, environ deux mois après le décès de leur proche. Médecins, infirmières et personnel psychosocial, pour ne nommer qu'eux, trouvent dans ce rituel un moyen de s'affranchir de l'âpreté des pertes quotidiennes. Remercier symboliquement le défunt et sa famille de nous avoir permis de prodiguer nos soins nous aide à poursuivre notre travail avec diligence et énergie.

La camaraderie entre les intervenants, l'entraide et la générosité donnent le ton à l'ambiance des lieux : accueillante, vivante, respectueuse et dynamique. Le partage des repas, la célébration d'un anniversaire, le soutien de nouvelles recrues et la gratitude envers les anciens figurent parmi les caractéristiques des collègues.

Quand on demeure enthousiaste au moment d'aborder une journée de travail, quand l'énergie est là, c'est que chacun est à sa place. La permanence du personnel dans un monde changeant est un indice de la joie qui règne dans notre milieu de travail, joie qui, par ailleurs, n'occulte pas la tristesse que suscitent les derniers moments du malade. Nous devons constamment naviguer entre l'absurde et le grandiose.

Le soignant reste attentif aux besoins des êtres éprouvés. Il ne s'habitue pas à voir souffrir, mourir et pleurer. Mais il a la personnalité du soignant, c'est-à-dire l'élan naturel vers l'autre, conjugué à un retour en lui-même pour interroger sa pratique et la bonifier constamment. Il est ébranlé mais non dévasté par les *crashs* de la vie. Jamais il ne se sent au-dessus des choses et des êtres ; il se sait vulnérable et non immunisé contre les atteintes à sa propre santé et il doit demeurer vigilant pour préserver sa santé mentale et physique. En faisant attention à soi, il lui sera d'autant plus possible et agréable de faire attention aux autres.

50

Comment l'épreuve peut-elle devenir vie ?

> *La fin de notre vie ne coïncide pas forcé-
> ment avec le jour de notre propre mort :
> pour certains, elle vient bien avant, mais
> pour celui qui est vraiment vivant, elle ne
> vient peut-être jamais.*
>
> Christian Bobin

Impossible à vous et moi d'éviter la mort, nous le savons ;
quand elle advient, cette dure réalité déloge le sentiment
d'invincibilité qui habite la plupart des humains. Dépossé-
dée de l'être cher, la personne en deuil se sent cruellement
engloutie par l'épreuve, absolument déroutée, isolée dans
un monde encombré de vivants trop actifs. Le choc est violent, il creuse un abîme à travers le corps, il atteint jusqu'à
l'âme. La mort annoncée autant que la mort soudaine saisit
le survivant ; ce n'est pas la compréhension intellectuelle
de la disparition qui lui fait défaut, mais bien la capacité
d'assimiler sa réalité concrète.

Le trépas appelle donc une tâche qui exige des proches
un effort gigantesque : celui de porter des questions sans
réponses ou non résolues, de traverser un temps stérile,
d'entrevoir un avenir qui, de prime abord, s'affiche comme

complètement dépourvu de sens. L'ombre jetée sur la suite des choses est opaque, elle brouille la vision, de sorte que l'endeuillé perçoit son parcours désormais solitaire comme étant, à ce stade, impossible. Tout bloque, tout devient hostile, étrange, comme si la vie aboutissait en plein désert. Demeurer confiant et amoureux s'avère alors le seul point d'ancrage pour contrer la dérive personnelle. Rester debout après la mort d'un être cher tient du miracle. Un miracle qui prend sa source à la fois dans l'amour vécu et dans la capacité résiduelle d'aimer. La mort n'arrache pas tout sur son passage.

Beaucoup de personnes en deuil m'ont affirmé : « Je ne pourrai jamais plus aimer, le prix de la perte est trop élevé. » Pour qu'elles arrivent à se convaincre du contraire, il leur faudra relire cent fois cette note magnifique du poète québécois Félix Leclerc : « Le verbe aimer pèse des tonnes. Des tonnes de chagrins, de joies, d'inquiétudes, de chair, de sang, de doutes, d'extases et de cris. Ne le fuis pas. Le verbe ne pas aimer pèse encore plus lourd[107]. »

Notre toute première expérience de la perte se produit au commencement de notre vie, lorsque nous sommes expulsés du ventre maternel. Il s'ensuit une recherche insatiable de cette fusion perdue. La mort de l'être aimé nous remet en mémoire ce traumatisme originel et réveille le manque. Le sentiment d'abandon retentit comme au jour de notre entrée dans le monde. L'attachement intense initial et le détachement brutal se répètent à l'âge adulte. Le mal que cause la perte est incontournable, mais il sera soulagé. Il le faut, puisque la nature même de la souffrance exige son dépassement. Si l'épreuve commence par anéantir une

---

[107] LECLERC, Félix, *Le calepin d'un flâneur*, Bibliothèque québécoise, 2003.

personne, elle finit par la relever, elle qui était coincée dans sa crypte d'endeuillée. Son propre rapport avec la vie est mis en lumière. « La vie est viable parce que quelqu'un, ne serait-ce qu'une seule fois, nous a regardé avec amour[108]. »

L'amour, cette merveilleuse capacité ou envie qui précède la rencontre amoureuse, qui précède même le verbe « aimer », l'amour surpassera la mort, il empruntera de nouvelles voies, il projettera une lumière impossible à prévoir du fond du deuil. C'est bien connu, ce sont les disparus qui rassemblent les vivants. Un cœur brisé est aussi un cœur ouvert : il y a d'abord la crevasse causée par la perte, puis l'ouverture d'une fenêtre sur l'extérieur, la création d'un espace de lumière à la sortie de la grande noirceur, à l'orée d'un passé révolu, aux abords d'un monde à rebâtir. La perte du connu est d'abord affolante, mais elle ouvre une voie sur l'espérance. La mort ne tue ni l'endeuillé ni l'amour qui l'anime encore.

La mort d'un être cher peut nous apprendre à aimer autrement, plus librement, en chérissant le vécu comme notre plus beau trésor, en demeurant curieux de découvrir, enclin à renouer avec le vivant, le vibrant. Le vent souffle de partout, peut-être pour nous dire que la vie à nouveau circulera en nous.

L'adulte en deuil réapprend à marcher en s'accrochant au fil du souvenir, suspendu à la main d'autrui, livré à l'aujourd'hui de la perte, mais puissant de l'amour qui a été partagé. C'est cet amour enfoui, mais qui a existé, qui permettra au voile de se lever juste pour aimer encore, aimer à en mourir, aimer à en revivre !

---

[108] LENOIR, Frédéric, « Le sens de la vie », *Psychologies*, n° 207, Paris, avril 2002, p. 88-94 (une chronique de Jean-Louis Servan-Schreiber).

Bibliographie

ANAUT, Marie, *La résilience, Surmonter les traumatismes*, Paris, Nathan, 2003, 125 p.

BALESTRO, Pierre, *Parler l'amour, La thérapie des tendresses*, Montréal, Médiaspaul, 1995, 172 p.

BASSET, Lytta, *S'ouvrir à la compassion*, Paris, Albin Michel, coll. Format de poche, 2009, 181 p.

BOBIN, Christian, *Le très-bas*, Paris, Gallimard, 1992, 132 p.

—, *La plus que vive*, Paris, Gallimard, 1996, 103 p.

—, *Autoportrait au radiateur*, Paris, Gallimard, 1997, 168 p.

BOUCHARD, André, *Préface sur les rituels funéraires*, projet de norme de la Corporation des thanatologues du Québec, février 2007.

BRILLON, Monique, *La pensée qui soigne, Que savons-nous du pouvoir des émotions ?*, Montréal, Les Éditions de l'Homme, 2006, 251 p.

BURDIN, Léon, *Parler la mort, Des mots pour la vivre*, Paris, Desclée de Brouwer, 1997, 284 p.

BUREAU, Jules, *Le goût de la solitude*, Montréal, Méridien, coll. Psycho-Santé, 1997, 198 p.

CARTIER, Carole, *Au-delà des caprices de l'eau*, Champs-Vallons, Québec, Éditions Création Bell'Acarte, 2006, 141 p.

COMMISSION SPÉCIALE DE L'ASSEMBLÉE NATIONALE DU QUÉBEC, *Mourir dans la dignité, Document de consultation, Place aux citoyens*, Montréal, mai 2010, 37 p. (site web : www.assnat.qc.ca).

COMPTE-SPONVILLE, André, *L'esprit de l'athéisme, Introduction à une spiritualité sans Dieu*, Paris, Albin Michel, 2006, 220 p.

CUMMINGS, Richard, *Michaël, mon fils*, Montréal, Les Éditions de l'Homme, 2009, 269 p.

CYRULNICK, Boris, *Un merveilleux malheur*, Paris, Odile Jacob, 1999, 239 p.

CYRULNIK, Boris et DUVAL, Philippe, *Psychanalyse et résilience*, Paris, Odile Jacob, 2006, 311 p.

DEETJENS, Marie-Chantal, *L'art de rebondir après la souffrance, Résilience et autodétermination*, Montréal, Quebecor, 2005, 128 p.

DE HENNEZEL, Marie, *La mort intime, Ceux qui vont mourir nous apprennent à vivre*, Paris, Robert Laffont, 1995, 232 p.

—, *Nous ne nous sommes pas dit au revoir, Aider la vie*, Paris, Robert Laffont, 2000, 315 p.

—, *Le souci de l'autre*, Paris, Robert Laffont, 2004, 224 p.

—, *La chaleur du cœur empêche nos corps de rouiller, Vieillir sans être vieux*, Paris, Robert Laffont, 2008, 239, p.

DE HENNEZEL, Marie et LELOUP, Jean-Yves, *L'art de mourir, Traditions religieuses et spiritualité humaniste*, Paris, Robert Laffont, 1997, 220 p.

De Hennezel, Marie (en collaboration avec Nadège Amar), *Mourir les yeux ouverts*, Paris, Albin Michel, 2005, 186 p.

De Montigny, Johanne, *Le crash et le défi : survivre*, Montréal, Les Éditions du remue-ménage, 1985, 397 p. (épuisé).

De Montigny, Johanne et De Hennezel, Marie, *L'amour ultime, Psychologie et tendresse dans la traversée du mourir*, Montréal/Stanké, 1990, 180 p. et Paris/Hatier, coll. Livre de poche, 1991, 185 p.

Des Aulniers, Luce, « Rites d'aujourd'hui et de toujours. Variations sur le rite », *Revue Frontières*, Université du Québec à Montréal, vol. 10, n° 2, hiver 1998, p. 3-6.

Deschaux, Jean-Hugues, *Le souvenir des morts, Essai sur le lien de filiation*, Paris, PUF, 1997, 335 p.

Dorion, Hélène, *L'étreinte des vents*, Montréal, Presses de l'Université de Montréal, 2009, 136 p.

Dreuilhe, Alain Emmanuel, *Corps à corps*, Paris, Gallimard, 1987, 206 p.

Dubreuil-Boisclair, Emma, *Cas de cancer échappant au radar, De jeunes adultes racontent leur histoire*, Montréal, édité par Cedars CanSupport, Centre Universitaire de santé McGill, 2010, 95 p.

Dumont, Serge, *et al.*, « Le fardeau psychologique et émotionnel chez les aidants naturels qui accompagnent un malade en fin de vie », *Les Cahiers de soins palliatifs*, Les publications du Québec, vol. 2, n° 1, 2001, p. 17-46.

Fauré, Christophe, *Vivre le deuil au jour le jour*, Paris, Albin Michel, 2004, 303 p. ; www.traverserledeuil.com.

—, *Après le suicide d'un proche, Vivre le deuil et se reconstruire*, Paris, Albin Michel, 2007, 202 p.

Fischer, Gustave-Nicolas, *Le ressort invisible, Vivre l'extrême*, Paris, Seuil, 1994, 284 p.

—, *Les blessures psychiques, La force de revivre*, Paris, Odile Jacob, 2003, 271 p.

—, *L'expérience du malade, L'épreuve intime*, Paris, Dunod, 2008, 134 p.

Godbout, Jacques T. (en collaboration avec Alain Caillé), *L'esprit du don*, Paris, La Découverte, 1992, 345 p.

Guberman, Nancy, « Les personnes proches aidantes, des alliées… à soutenir. Quoi de neuf ? », *La revue de l'Association des retraitées et retraités de l'enseignement du Québec (AREQ)*, vol. 29, n° 4, mars-avril 2007, p. 14-18.

Hanus, Michel, *Les Deuils dans la vie, Deuils et séparations chez l'adulte et chez l'enfant*, Paris, Maloine, 1994, 313 p.

—, « Deuils normaux, deuils compliqués, deuils pathologiques », *Frontières*, vol. 9, n° 3, hiver 1997, et *Les deuils particuliers*, Université du Québec à Montréal, p. 5-9.

—, *La mort retrouvée*, Paris, Frison-Roche, coll. Face à la mort, 2000, 370 p.

—, *La résilience à quel prix ?*, Paris, Maloine, 2001, 239 p.

Hirsch, Emmanuel, « Les nouveaux temps de la mort », dans le Collectif, *Le grand livre de la mort à l'usage des vivants*, Paris, Albin Michel, 2007, 474 p.

JACQUES, Josée, *Psychologie de la mort et du deuil*, Montréal, Modulo Éditeur, 1998, 250 p.

JOLLIEN, Alexandre, *Le métier d'Homme*, Paris, Éditions du Seuil, 2002, 92 p.

LABERGE, Marie, *La cérémonie des anges*, Montréal, Les Éditions du Boréal, 1998, 343 p.

LANCTÔT, Dominique et ROBILLARD, Monic (dir.), *Tu n'es pas seule, L'expérience du cancer : paroles de femmes*, Montréal, Les Éditions de l'Homme, 2006, 282 p.

LA DIRECTION DES COMMUNICATIONS DU MINISTÈRE DE LA SANTÉ ET DES SERVICES SOCIAUX, *Politique en soins palliatifs de fin de vie*, Québec, Gouvernement du Québec, 2004, 98 p. ; www.msss.gouv.qc.ca.

LECLERC, Félix, *Le calepin d'un flâneur*, Québec, Bibliothèque québécoise (89406), 1999, Format de poche, 2003, 224 p.

LEDOUX, Johanne, *Guérir sans guerre, La guérison : une question d'harmonie*, Montréal, Flammarion, 2000, 184 p.

LENOIR, Frédéric, « Le sens de la vie » (Une chronique de Jean-Louis SERVAN-SCHREIBER), *Psychologies*, n° 207, Paris, avril 2002, p. 88-94.

MARTINEAU, Isabelle, *et al.*, « Le choix d'un lieu pour mourir : une décision qui doit tenir compte des proches », *Les Cahiers de soins palliatifs*, Les publications du Québec, vol. 2, n° 1, 2001, p. 49-69.

MERCIER, Mario, *La Tendresse*, Paris, Table ronde, 1995, 86 p.

MICHAUD, Josélito (dir.), *Passages obligés*, Montréal, Libre Expression, 2006, 270 p.

MONBOURQUETTE, Jean, *Comment pardonner ? Pardonner pour guérir, guérir pour pardonner*, Ottawa, Novalis, 1992, 245 p.

NADEAU, Gilles, « Une survivante passionnée par et pour l'humain. Entrevue avec la psychologue Johanne de Montigny », *Cahiers francophones de soins palliatifs*, Québec, Maison Michel Sarrazin, vol. 9, n° 1, 2008, p. 77-89.

PEREIRA, José, *Accompagner en fin de vie, Intégrer la dimension spirituelle dans le soin*, Montréal, Médiaspaul, coll. Interpellations, n° 15, 2007, 183 p.

QUENNEVILLE, Yves et DUFOUR, Natasha, *Vivre avec un proche gravement malade*, Montréal, Bayard, 2008, 145 p.

RINGLET, Gabriel, *Ceci est ton corps, Journal d'un dénuement*, Paris, Albin Michel, 2008, 231 p.

SALOMÉ, Jacques, *Relation d'aide et formation à l'entretien*, France, Presses universitaires de Lille, 1992, 205 p.

SAVARD, Josée, *Faire face au cancer avec la pensée réaliste*, Montréal, Flammarion, 2010, 265 p.

SCHMITT, Eric-Emmanuel, *Oscar et la dame Rose*, Paris, Albin Michel, 2002, 100 p.

SERVAN-SCHREIBER, David, *Anticancer, Prévenir et lutter grâce à nos défenses naturelles*, Paris, Robert Laffont, 2007, 361 p.

SINGER, Christiane, *Où cours-tu ? Ne sais-tu pas que le ciel est en toi ?*, Paris, Albin Michel, 2001, 174 p.

—, *Derniers fragments d'un long voyage*, Paris, Albin Michel, 2007, 136 p.

Talec, Pierre, *La sérénité*, Paris/ Monréal, Centurion/Bayard, 1993, 243 p.

Thouin, Lise, *Chants de consolation, À celui qui va partir et pour ceux qui restent*, Montréal, Les Éditions de l'Homme, 2007, 111 p.

Stroebe, M. et Schut, H., « The dual process model of coping with beareavement : Rationale and description », *Death Studies*, Philadelphia, PA, vol. 23, 1999, p. 197-224.

—, « Meaning making in the dual process model of coping with beareavement », dans R. Neimeyer (dir.), *Meaning reconstruction and the experience of loss*, Washigton, DC, American Psychological Association Press, 2001, p. 55-76.

Tisseron, Serge, *La résilience*, Paris, PUF, coll. Que sais-je ?, 2007, 128 p.

Voyer, Jacques, *Que Freud me pardonne, Récit autobiographique*, Montréal, Libre Expression, 2002, 174 p.

TABLE DES MATIÈRES

I
L'ANNONCE ET LA TRAVERSÉE DE LA MALADIE

II
LES PROCHES DU MALADE

III
L'ACCOMPAGNEMENT

IV
LA FIN DE LA VIE

V
LE DEUIL

Collection

VIVRE PLUS